天野翔太
Amano Shota

小学校算数

問題提示 × 発問 = 子どもの問い

明治図書

はじめに

> 生涯一授業人

　これは，現在の私の目標であり，モットーです。
　皆さんは，子どもたちと授業をすることが好きですか？
私は大好きです。
　下の板書は，3年「小数」の単元の，ある一斉授業のものです。

　11月半ばに行われた授業ですが，子どもたちが数学的な見方・考え方を自覚的に働かせ，豊かにしていく様子が伝わってきます。「小数のたし算の仕方（原問題：0.3＋0.2）」を子どもたちが創っていることを実感できた授業でもありました。
　きっかけは，ある子どもの「3＋2に似ている」という発言でした。この発言が，「どうやったら3＋2にみえるの？」という「子どもの問い」になったのです。最終的にこの問いは，既習（10や100をもとにする）と未習（0.01

や0.001をもとにする)をつなぐ架け橋にもなりました。

その翌日,下記板書の個別学習の授業をしました。

個別学習とは,子どもに学びを委ねる形態の授業です。数学的な見方・考え方(本学級では「着目ポイント」と呼んでいます)を常に意識し,新しい問題でも活用できるかどうかについて自分たちで考えていきました。

以下,ある子どものまとめです。

> 今日大事だったことは,単位の考えです。小数のたし算でもひき算でも0.1をもとにして考えれば,簡単に計算することができました。自分で問題を発展させてみても,やはり同じでした。

「自ら問い,自ら考える(自問自答の過程)」様子が,まとめからもわかります。

私は,一斉授業であろうが,個別学習であろうが,上述のように,子どもたちと算数を創っていく授業が特に大好きです。これからもずっと算数の授業をし続けたいです。そして,これらを支えている教師の技術が「問題提示」と

「発問」だと考えています。

　さて，自己紹介が遅くなりましたが，埼玉県さいたま市で小学校教員をしています，天野翔太と申します。SNSでは「天治郎」と名乗って，X（旧Twitter）を中心に発信をしています。ときどき，自校でも「天治郎先生！」と呼ばれます。

　右のアイコンを見たことがある方がいらっしゃれば，大変うれしいです。最近は学校外に出る際に眼鏡をかけているのですが，学級の子どもたちからは不評です（笑）

　さて，学校教育において，子どもたちが過ごすほとんどの時間は授業です。だからこそ，教師の本来の仕事は，授業だと言えます。

　一方で，年々課せられる様々な○○教育，時代の変化などによって，教材研究の時間を勤務時間内に確保することができなかったり，事務処理等多すぎる業務に追われ，授業を楽しむことができなかったりする実情が散見されます。働き方改革が声高に叫ばれるようにはなりましたが，現状はあまり変わってはいないのではないでしょうか。

　私自身は，最大の働き方改革は，「知的に楽しい授業」をすることだと考えています。「授業づくりと学級づくりは両輪」とよく言われますが，知的に楽しい授業ができるようになれば，学級は安定していきます。学級が安定して

いくにつれ，子どもたちは学びを楽しむことができるよう
にもなります。結果として，教員の働き方をポジティブに
改革していくことができるのです。

　本書は，「知的に楽しい算数の授業づくり」のお力添え
ができるよう執筆いたしました。「問題提示」と「発問」
の理論をベースに，全学年の実践事例を掲載しています。
明日の授業からすぐに生かすことができると考えています。

　ところで，読者の皆さんはどんな研究を進めていますか。

○心理的安全性×学級経営
○算数の授業づくり
○哲学対話を取り入れた道徳の授業
○１人１台端末の文房具化
○ PBL × Minecraft Education

　ここ数年の私は，上の５つを実践研究しています。本書
にも，「心理的安全性」や「１人１台端末の文房具化」の
話が出てきます。

　多いように感じる方もいらっしゃるかもしれませんが，
実はこの５つには共通点があります。詳細は省きますが，
それは次のことです。

子どもの問いに基づく

　共感していただけるでしょうか。これは，本書のテーマ

でもあります。

「子どもの問い」については，教職に就いてからずっと研究・実践してきました。質が大きく変わったのは，大学の長期研修に行ってからです。

長期研修では，次のような，私の問いを深く追究することができたのです。

○子どもの問いとは何か？
○子どもの問いを引き出すために大切なことは？
○子どもの問いを引き出す手立ては？
○子どもが自ら問い，自ら考えることができるようにするためには？

本書は，そこからさらに研究・実践を積み重ねた，現時点での私の算数の授業づくりの集大成とも言える本になっていると考えています。

長い「はじめに」をしっかりと読んでくださり，本当にありがとうございます。本書を通して，皆さんの算数の授業が「知的に楽しい授業」になることを願っています。

2025年2月

天治郎こと天野翔太

もくじ

はじめに／003

第1章
問題提示×発問
の可能性

1 学習指導要領改訂から7年／016

2 数学的活動と問い／018

3 発問と数学的な見方・考え方の関連／022

4 心理的安全性と問題発見／026

5 問題提示×発問で
子どもの問いを生起する／030

コラム 問題提示と発問／034

第 2 章

算数授業と
問題提示

1 問題提示，本当にそれでいいの？／036

2 問題と問題提示／038

3 シツエーションとは／042

4 シツエーション×アフォーダンス／044

5 教科書アレンジとは／046

6 教科書アレンジの活用／048

教科書アレンジの実践①（1年／数の石垣）

きまりを仕組む，パズル形式にする／050

教科書アレンジの実践②（3年／かけ算）

条件を変える，条件を決めさせる／056

教科書アレンジの実践③（3年／わり算）

オープンエンドにする／062

教科書アレンジの実践④（5年／偶数と奇数，倍数と約数）

ゲーム化する／066

もくじ 009

7　問題提示からの問題発展／070

コラム　問題提示の失敗／074

第3章
算数授業と発問

1　発問，本当にそれでいいの？／076
2　望ましい発問／078
3　発問＝教師の「問うべき問い」／080
4　「問うべき問い」の具体／084
5　意識的に投げかけたい4つの発問／086

発問の実践①（4年／面積）
根拠を問う問い「なんで？」／088

発問の実践②（5年／四角形と三角形の面積）
統合的な考えを促す問い「共通点は？」／092

発問の実践③（3年／かけ算）
発展的な考えを促す問い「もしも…だったら？」／096

発問の実践④（2年／かけ算（2））

発想の源を問う問い
「どうしてそうしようと思ったの？」／102

コラム 発問の失敗／108

第4章
算数授業と
子どもの問い

1　問いとは何か／110

2　問いの役割と源／114

3　子ども自らが「問うべき問い」を
　　問うことができるように／118

4　教師の「メタ的な『問うべき問い』」／120

5　教師の「メタ的な『問うべき問い』」の具体／124

教師のメタ的な「問うべき問い」の実践①（2年／分数）

「えっ？」「本当に？」「絶対に？」／126

教師のメタ的な「問うべき問い」の実践②（3年／三角形と角）

「たまたまじゃないの？」／132

もくじ　011

教師のメタ的な「問うべき問い」の実践③（5年／図形の角）

「つまり？」「だったら？」／138

教師のメタ的な「問うべき問い」の実践④（4年／簡単な場合についての割合）

「この子の気持ちがわかるかな？」／142

コラム 子どもの問いにこだわり過ぎた失敗／146

第5章
問題提示×発問
＝子どもの問い
子どもの問いで創る算数授業

1 問題提示×発問
＝子どもが算数を創る授業／148
2 子どもの問いを生かす板書／150
3 子どもの問いを生かす1人1台端末の活用／154

問題提示×発問の実践①（6年／分数のかけ算とわり算）

きまりを仕組む×「たまたまじゃないの？」／158

問題提示×発問の実践②（2年／たし算とひき算のひっ算）

条件を変える，条件を決めさせる
×
「どうしてそうしようと思ったの？」／164

問題提示×発問の実践③（3年／あまりのあるわり算）

オープンエンドにする×「だったら？」／170

問題提示×発問の実践④（4年／わり算）

ゲーム化×「えっ？」「本当に？」「絶対に？」／176

コラム　子どもが算数を創る授業の失敗／182

おわりに／183

第1章
問題提示×発問の可能性

1 学習指導要領改訂から7年

①学習指導要領の趣旨は現場に浸透しているか

　学習指導要領が改訂されてから，7年が経ちました。改訂のポイントは，「目標の改善」と「内容構成の改善」の2つです。その中で，「数学的な見方・考え方」と「数学的活動」という新しいキーワードも出てきました（概念自体は昔からあったものですが）。

　また，子どもの資質・能力を育成するにあたっては，学習指導要領の趣旨を踏まえ，「個別最適な学び」と「協働的な学び」という観点から学習活動の充実の方向性を改めて捉え直し，これまで培われてきた工夫とともに，ICTの新たな可能性を指導に生かすことで，主体的・対話的で深い学びの実現に向けた授業改善につなげていくことが重要とされています。

　一方で，数学的な見方・考え方も数学的活動も，現場での理解が進んでいるとは言い難い現状があります。つまり，学習指導要領改訂の趣旨が現場に十分浸透していると言えないと感じます。

　個別最適な学びと協働的な学びの一体的な充実についても，方法論が先行し，この言葉の意味や理念がしっかり理解できていないように思われる実践も見られます。また，「自由進度学習の方がよい」「一斉授業は古い」といった声

も聞かれますが，本当にそうなのでしょうか。一斉授業と
自由進度学習は，二項対立で考えるべきものなのでしょう
か。むしろ，個別最適な学びと協働的な学びの一体的な充
実が求められている今，一斉授業の価値はより一層高まっ
ているとすら感じます。

②なぜ現場に浸透していないのか

　学習指導要領改訂の趣旨が現場に十分浸透していない理
由はいくつか考えられます。

> ■業務過多により，教材研究の時間が確保できない。
> ■小学校では１人の教師が多くの教科を指導するので，
> 　算数科のみ理解を深めることは難しい。
> ■数学的な見方・考え方や数学的活動を授業レベルで
> 　落とし込むことが難しい。

　すぐに解決できることばかりではありません。しかしな
がら，３点目については，本書を通して解決の糸口を提案
できると考えています。
　今後，現行学習指導要領の成果と課題を踏まえて，次の
学習指導要領の議論が進んでいきます。だからこそ，今の
授業を改めて見直し，改訂の趣旨を踏まえた授業づくりを
進めていきましょう。

第1章　問題提示×発問の可能性　017

2 数学的活動と問い

①子どもの問いに基づく「考える」

現行学習指導要領から，「算数的活動」から「数学的活動」へと名称の変更がなされました。算数科の目標については，「数学的な見方・考え方を働かせ，数学的活動を通して，数学的に考える資質・能力の育成を目指す」と示されています。

さらに，算数・数学の学習指導の過程において，数学的に問題発見・解決する過程を重視するものとされました。日常生活や数学の事象から子ども自身が問題を発見することだけでなく，問題解決の過程や結果を振り返って新たな「問い」を見いだすことの重要性を強調しています。

そもそも，中島（1977）が，次のように述べているように，子どもが算数を学ぶことの意義の1つは，「考える」ことを学ぶことです。

> 数学というと，だれもが「考える」ことを重視する学問だと受け取るように，数学教育を考える場合にも，その教材の指導を通して，思考力の育成を図ることが古来重要な目標となってきている。(p.59)

考えることについて，杉山（2012）は次のように述べて

います。

> 「考える」とは「自ら問い，自ら答える」過程である
> と考える。(p.66)

つまり，考えるためには子ども自らの「問い」が必要で
あるということです。

②数学的活動と「算数を創る」活動

杉山（2008）は，数学的活動について次のように述べて
います。

> 「数学的活動」は，学問としての数学の活動，つまり，
> 数学を創造し，発展させる活動，数学を用いる活動等
> をさす言葉として使われてきた。「数学的活動を通し
> て」といえば，数学を創造，発展させる活動を通して
> 算数を学習しようということになる。(p.315)

数学的活動とは，「算数を創る」活動であると捉えるこ
とができます。

文部科学省（2018）は，「数学的活動」について，以下
のように示しています。

> 事象を数理的に捉えて，数学の問題を見いだし，問題
> を自立的，協働的に解決する過程を遂行すること

(p.23)

　そして，次のように示すとともに，算数・数学の問題発見・解決の過程のイメージとして，下図を提示しています。

数学的活動においては，単に問題を解決することのみならず，問題解決の結果や過程を振り返って，得られた結果を捉え直したり，新たな問題を見いだしたりして，統合的・発展的に考察を進めていくことが大切である。(p.23)

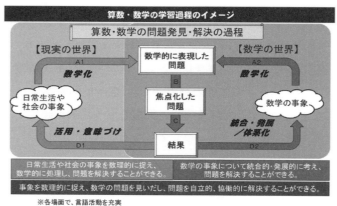

算数・数学の学習過程のイメージ

図からもわかるように，数学的活動は，次の３つの活動を中核としています。

■日常の事象から見いだした問題を解決する活動
■数学の事象から見いだした問題を解決する活動
■数学的に表現し伝え合う活動

　これまでに述べたことを踏まえると，数学的活動，つまり「算数を創る」とは，「自ら問いをもって，既習の知識や経験等を基に考え，新たな知識を創り出す」ことと言えます。
　したがって，「子どもの問いに基づく，考える授業づくり」を行うことがより一層大切になっているのです。

【引用・参考文献】
・中島健三（1977）「算数・数学教育における『考える』というはたらき」（和田義信編『考えることの教育』（pp.59－78），第一法規出版）
・杉山吉茂（2012）『確かな算数・数学教育をもとめて』東洋館出版社
・杉山吉茂（2008）『初等科数学科教育学序説』東洋館出版社
・文部科学省（2018）『小学校学習指導要領（平成29年告示）解説算数編』日本文教出版

3 発問と数学的な見方・考え方 の関連

①数学的な見方・考え方とは

　文部科学省（2018）は，「数学的な見方・考え方」について，以下のように示しています。

　　事象を，数量や図形及びそれらの関係などに着目して捉え，根拠を基に筋道を立てて考え，統合的・発展的に考えること（p.23）

　このように定義を示したうえで，数学的な見方・考え方の働きについて，以下のように示しています。

　　「数学的な見方・考え方」は，数学的に考える資質・能力を支え，方向付けるものであり，算数の学習が創造的に行われるために欠かせないものである。また，児童一人一人が目的意識をもって問題解決に取り組む際に積極的に働かせていくものである。（p.23）

　つまり，「算数を創る」うえで必要不可欠であることがわかります。前項の内容を踏まえると，数学的な見方・考え方を働かせながら数学的活動を通す中で，数学的に考える資質・能力が育成されます。

②数学的な見方・考え方と数学的な考え方

　算数科では，従来「数学的な考え方」というものが存在してきました。中島（1981）は，この数学的な考え方について，以下のように述べています。

> 算数・数学にふさわしい創造的な活動ができることを目指したもの（p.49）

　一方片桐（2004）は，以下のように述べています。

> 数学的な考え方は，それぞれの問題解決に必要な知識や技能に気付かせ，知識や技能を導き出す力（guiding forces）である。さらにこのような知識や技能を駆り出す原動力（driving forces）であるとみるのがよい。そして，数学的な考え方の中には，さらに，必要な数学的な考え方を引き出す，それらの基になる driving forces とみられる考え方もある。これを数学的な態度という。（pp.36－37，下線筆者）

　両者の見解を総合すると，数学的な考え方は「算数を創る」うえで必要不可欠なものであり，また数学的な考え方は数学的な見方・考え方の背景を成す重要なものであると言えます。

③発問と数学的な見方・考え方

　片桐（2004）は，数学的な考え方を育てる指導法の原理を，問題解決の段階に合わせたそれぞれの態度・考え方を引き出す発問の形で提案しています。そして，次のように述べています。

　　このような発問による指導をしていくことによって，子供たち自身が，自分にこの質問をし，自ら考えていくことができるようになることがねらいであることはいうまでもない。(p.119)

　発問を通して，数学的な見方・考え方を豊かにしていくとともに，子どもが「自ら問い，自ら答える（自問自答の過程）」ことができるようにしていくと捉えることができます。やはり，「考える」ことを重視した授業をつくることの大切さが伺えます。

　また，数学的な見方・考え方（数学的な考え方）を豊かにしていくための議論は，様々なされています。和田（1997），中島（1981）による研究者の視点や，盛山・加固ほか（2018）の実践家の視点を整理してみると，以下のような点が重要であると考えられます。

　1　数学的に創られた形式的なものの背景（数の表し方の仕組みや図形を構成する要素等）に目を向けて明らかにすること。

2 他者がもつ数学的な見方・考え方を互いに理解（共有）し合うこと。

3 子ども自身が算数を創り出したかのように感じさせ，成功の感激をも結果としてもつこと。

4 発問や対話の場の設定を通して，数学的な見方・考え方自体を価値づけたり整理したりすること。

5 教師の姿勢や受容的な学級の雰囲気に基づき，日々の創造的な学習指導を積み重ねること。

　1〜4については，「発問」がカギになります。これは片桐氏の見解と同様です。やはり，発問と数学的な見方・考え方の関係は密接です。そして，土台となるものが5であると捉えられます。

【引用・参考文献】
・文部科学省（2018）『小学校学習指導要領（平成29年告示）解説 算数編』日本文教出版
・中島健三（1981）『算数・数学教育と数学的な考え方　その進展のための考察』金子書房（復刻版：東洋館出版社，2015）
・片桐重男（2004）『数学的な考え方の具体化と指導　算数・数学科の真の学力向上を目指して』明治図書
・和田義信（1997）『和田義信著作・講演集6　講演集(4)　数学的な見方・考え方と教材研究＜軽装版＞』東洋館出版社
・盛山隆雄・加固希支男ほか（2018）『数学的な見方・考え方を働かせる算数授業』明治図書

4 心理的安全性と問題発見

①心理的安全性とは

「心理的安全性」という言葉を聞いたことがあるかと思います。近年，経営学の世界でこの概念が注目されており，教育現場でも少しずつ聞かれるようになってきました。

心理的安全性は，ハーバード大学の組織行動学者であるエイミー・エドモンドソン教授がチームに応用し，

> 対人関係のリスクをとっても大丈夫だ，というチームメンバーに共有される信念のこと

と定義しています。

私自身の心理的安全性の捉えは，以下の通りです。

> 自分の考えや意見を自由に言い，失敗を恐れずに挑戦できる環境

心理的安全性が高まると，子どもは学習活動に積極的に取り組み，学習効果が向上します。また，子ども同士の協働や助け合いが活発になり，学級がよりよいチームになっていきます。

②算数と心理的安全性

ところで，なぜ算数のことで心理的安全性を取り上げたのか不思議に思った方もいらっしゃるでしょう。

中央教育審議会（2021）による「『令和の日本型学校教育』の構築を目指して〜全ての子供たちの可能性を引き出す，個別最適な学びと，協働的な学びの実現〜（答申）」の中では，従来の社会構造の中で行われてきた正解主義や同調圧力への偏りが課題として指摘されています。

このうち，正解主義については，以下のように示されています。

> 我が国の経済発展を支えるために，「みんなと同じことができる」「言われたことを言われたとおりにできる」上質で均質な労働者の育成が高度経済成長期までの社会の要請として学校教育に求められてきた中で，「正解（知識）の暗記」の比重が大きくなり，「自ら課題を見つけ，それを解決する力」を育成するため，他者と協働し，自ら考え抜く学びが十分なされていないのではないかという指摘もある。(p.8)

算数は，特に正解主義が強く根づいている教科です。1つの正解が求められ，子どもたちは間違いを恐れる傾向があります。皆さんもそう感じたことがあるのではないでしょうか。正解主義にとらわれることなく，自分たちの学びの過程に目を向けて，「あーだ」「こーだ」と学び合ってほ

しいと多くの教師が願っているはずです。その土台となるのが心理的安全性というわけです。

一方，本章第3項の中でも触れましたが，算数において数学的な見方・考え方はカギとなります。和田（1997）は，より進んだ数学的な考え方や処理の仕方を生み出す指導はどうあるべきかということについて，以下のように述べています。

> **必要な条件はまず第一に教育環境といいますか，あるいは，教室の中の空気，雰囲気というものが非常に大切であります。すなわち，子供たちが自由に自分の気のついたこと，思いついたこと，そういうことがしゃべれるような環境でなければならないということであります。（p.104，下線筆者）**

数学的な見方・考え方の育成という視点からも，「何でも言い合える受容的な学級の雰囲気」，つまり心理的安全性が必要不可欠であることがわかります。

③問題発見能力を高める土台も心理的安全性

本章第2項でも述べましたが，現在の算数・数学の学習指導においては，数学的に問題発見・解決する過程が重視されています。

学校現場では，与えられた問題を解決する力の育成については，様々な手立てが講じられてきました。しかしなが

ら，事象から問題を見いだす力，つまり「問題発見能力」の育成については，まだまだ改善の余地があります。

　これからの算数の授業においては，「何を考えるのか」ということと，「どのように考えていくのか」ということの両方が求められているとも言えます。

　問題発見能力の育成には，特に既存の枠にとらわれずに新しい視点や方法を試すことが大切です。そのためには，心理的安全性が必要不可欠です。心理的安全性が確保されている環境であれば，子どもたちは失敗を恐れずに自由に発想することができます。

【引用・参考文献】
・エイミー・C・エドモンソン（著），野津智子（翻訳）（2014）『チームが機能するとはどういうことか』英治出版
・中央教育審議会（2021）「令和の日本型学校教育」の構築を目指して〜全ての子供たちの可能性を引き出す，個別最適な学びと，協働的な学びの実現〜（答申）」
・和田義信（1997）『和田義信著作・講演集6　講演集(4)　数学的な見方・考え方と教材研究＜軽装版＞』東洋館出版社
・Edmondson,A.（1999）. Psychological Safety and Learning Behavior in Work Teams. Administrative Science Quarterly, 44(2), 350-383.

5 問題提示×発問で
子どもの問いを生起する

①「問題」とは

一般的には,「問題=答えを求める問い」です。では,算数における「問題」とは,何でしょうか。

本章第2項でも引用した「算数・数学の学習過程のイメージ」(通称ぐるぐるの図)を再掲すると,2種類の問題があることがわかります。「数学的に表現した問題」と「焦点化した問題」です。

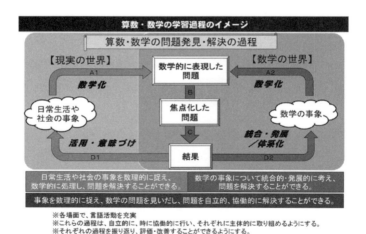

算数・数学の学習過程のイメージ(再掲)

数学的に表現した問題とは,数学の事象及び日常生活や

社会の事象を数学化した問題です。算数科における「数学化」とは，簡単にいうと，「数学や現実の事象を算数として解決できる問題にする」ことです。いわゆる教科書に載っているような問題です。

　一方で，焦点化した問題とは，数学的に表現した問題を解くために生まれる問題です。問題を解く際に特に考えるべき部分のことです。いわゆる「学習のめあて」と呼ばれるものです。

　これまでの授業では，焦点化した問題をいかに子どもの問いにするかということに主眼が置かれていました。しかしながら，これからは数学的に表現した問題も子どもの問いとなるようにしていくことが肝要です。

　どちらにせよ，いかに問題を提示するか（問題（教材）の工夫と提示の工夫）が大切になってきます。本書では，「問題提示」を「事象をいかに提示するか」と「数学的に表現した問題をいかに提示するか」という2つの側面から捉えていきます。

②問題提示に発問をかけ合わせる

　問題提示を工夫することによって，子どもの問いが生まれ，子どもが主体的に動き出す。とても理想的な状態です。学びに向かう力が十分育まれている子どもや学級であれば，こういった姿を見ることができます。

　しかしながら，こういった姿を引き出すことがなかなか難しいということは，皆さんも実感しているところではな

いでしょうか。

そこで問題提示にかけ合わせたいものが，発問です。

本章第3項でも，数学的な見方・考え方の視点から発問の重要性を述べました。子どもの問いを生起するうえでも，発問は有効に働きます。

5年「異分母分数のたし算」を例にあげて考えてみましょう。数学的に表現した問題（文章問題）から下のように立式してみると，子どもたちは2つの分数の分母がそろっていないことに気がつきました。

$$\frac{1}{2}+\frac{1}{3}$$

同じ分母の分数のたし算のみ学んでいる子どもたちにとっては，解決できない問題に出合った場面です。

C　できないよ！　分母が2と3じゃん！
C　これは無理だよ。だって分母が同じじゃないもん！

子どもたちは上のように言っていました。

この際に，「本当に？」「絶対に？」と発問したところ，何人かが解決できない理由を述べてくれました。そうやって理由を明らかにしていく中で，次のように発言する子どもが出てきました。

C　だったらさぁ，分母を同じにすれば，前みたいに計算

できるんじゃない？

　これは，子どもたちの問いが生まれた瞬間でもありました。

　この後，「どうやったら同じ分母の分数にできるのかな？」「どんな分数でも同じ分母の分数にすれば答えは出せるのかな？」「ひき算だったらどうかな？」といった問いが生まれ，子どもたちはさらに追究していきました。自分たちの問いだからこそ，主体的に考えていったわけです。

　以上は１つの事例に過ぎません。しかしながら，先生方も同じような経験があるのではないでしょうか。

　第２章以降，理論と具体的な実践を通して，問題提示と発問で「いかに子どもの問いを生起するか」について述べていきます。

【引用・参考文献】
・文部科学省（2018）『小学校学習指導要領（平成29年告示）解説　算数編』日本文教出版

コラム

問題提示と発問

　算数教育において，問題提示と発問については，昔から研究されてきました。

　算数の教材研究といえば，

　「どのような問題を，どのように提示するか」

　「どのような発問を，どのようなタイミングで問うか」

というようなことが，長く議論されてきました。

　それは今も大きくは変わりませんが，現在はここに加えて「数学的な見方・考え方」の視点で考えることが大切だとされています。

　一方で，「個別最適な学びと協働的な学びの一体的な充実」が求められるようになり，自由進度学習などの「子どもに委ねる学び」が提起されるようになりました。

　しかしながら，子どもに委ねる学びのエンジンは「一斉授業」にあると私は考えています。それは，「学び方を学ぶこと」が大切だと考えているからです。だからこそ，子ども主体の学びという視点で，改めて問題提示と発問について考えることには価値があるという主張です。

　とはいえ，日々の授業はうまくいかないことばかりです。しかしながら，そこによりよい学びのヒントがあるとも考えます。このコラムでは，失敗談から考えていきます。

第 2 章
算数授業と問題提示

1 問題提示，本当にそれでいいの？

①ある授業の導入の様子から

T　算数の授業を始めていきます。では，今日の問題です。皆さん一緒に書いていきますよ。

（中略）

T　昨日までとの違いは，○○でしたね。では，今日のめあてを書きましょう。めあては，「…について考えよう！」です。

　上述のような場面を先生方も見たことがありませんか？本書を手に取ってくださった先生方は，このような問題提示に疑問を抱いている方々だと思います。だからこそ，

　「この流れで設定されためあては，本当に子どもの問いになっているのだろうか？」

と，感じたことでしょう。

　学習指導要領が改訂されて7年が経っても，個別最適な学びと協働的な学びの一体的な充実が求められて3年が経っても，教師が与えた問題を指示通りにこなしていく，といった一斉授業が多いのです。

　本当にそれでよいのでしょうか。

②改めて問題提示を問い直す

　一般的な算数の授業では，教科書の問題が扱われます。私も基本的には教科書の問題を活用しています。

　前項でも示した通り，普段の授業ではそのまま板書して提示していることがまだまだ多いと感じます。研究授業のときだけは ICT を活用したり，半具体物を用意したりして工夫する，といった状況も見られます。

　さらに，地域によっては，わかっていることに青線を引き，聞かれていることに赤線を引いて問題を理解し，めあてにつなげる…といった指導も見られます。

　これらの指導が一概によくないというわけではありません。子どもの実態によっては効果的なのかもしれません。教材研究の時間がなかなか取れず，仕方なく行わざるを得ない状況なのかもしれません。

　しかしながら，このような問題提示や問題把握の仕方で，子どもの「なぜだろう？」といった問いや「考えてみたい！」といった思いを引き出すことができるでしょうか。また，「この問題を考えましょう」と教師から与えられ続けて，子どもの考える力はつくのでしょうか。

　これらのことは，私自身が日々自問自答していることでもあります。

　問題提示１つで，子どもの知的好奇心がわくかどうか，子どもの問いが生まれるかどうかが変わります。本章では，「子どもの問いに基づく，考える授業づくり」について，問題提示の視点から具体的に考えていきましょう。

2 問題と問題提示

①伊藤氏の見解から見る問題

　算数・数学の学習過程イメージから見る算数の問題は，「数学的に表現した問題」と「焦点化した問題」でした。

　伊藤（1993a）は，算数の学習場面における問題について，以下のように述べています。

> 　算数の学習場面で，子供たちは毎時間のように未知の事柄に直面し，それを自分の新しい知識や技能として獲得している。この学習場面で子供たちは日常的に問題に出会い，それを解決しているのである。（中略）子供にとって新しい概念や原理などを理解することは「問題」となる。単に知識として覚え込ませるのではなく，子供にとって「問題」となるような場面を設定し，その問題の解決を通して子供たちが概念や原理などを獲得していくように指導するのである。（pp.120－121，下線筆者）

　子どもの新たな学びにつながるものが問題と言えます。さらに，子どもにとって問題が意味のあるものとなるように問題提示をすることの大切さにも触れられています。

②どんな問題が望ましいか

では，算数の「問題」はどのようなものがよいのでしょうか。

伊藤（1993b）は，以下のように述べています。

算数科における問題解決で取り上げられる「問題」は，第2章の2.1節でも述べたように，その授業のねらいの達成を意図して作成され提示されるものである。（中略）児童はその「問題」の解決を通して，その授業の目標として示されている概念や原理などを理解したり，技能を身につけたり，数学的な考え方を伸ばしたりするのである。（pp.3－4，下線筆者）

さらに，望ましい問題と言えるための条件として，以下の3つをあげています（p.11）。

 ⅰ）その問題を解決することによって，指導のねらいが達成できる。
 ⅱ）その問題を解決した後に，それを拡張したり一般化したりして，発展させやすいもの。
 ⅲ）その問題が多様なレベルで解決できるもの。

私自身は，上述のことを踏まえて，問題を考える際に，次の4つのことを意識しています。

1	ねらいが達成できる。
2	数学的な見方・考え方を働かせ，豊かにする。
3	発展性（原問題から・単元で）がある。
4	多様なレベルで解決できる。

　「原問題」とは，算数の授業で使われる基本的な問題のことを指しています。

③問題提示をどうするか

　望ましい問題を設定したうえで，どのように問題を提示するかが大切です。本項①で取り上げた伊藤氏の見解の中にも，問題提示の大切さが述べられていました。

　本書では，問題提示を「(1)事象をいかに提示するか」と「(2)数学的に表現した問題をいかに提示するか」という２つの側面から捉えることにしています。

　「(1)事象をいかに提示するか」について言えば，いかに事象と出合わせるかといった「場の設定」が大切になります。

　「(2)数学的に表現した問題をいかに提示するか」について言えば，既習との違い（未習の部分）を子どもたちが自ら気づくことができるようにすることが大切です。

　(2)について，３年「たし算とひき算の筆算」を例にあげます。次ページのように，いくつかの問題を提示したうえですぐに解決に向かわせてみると，子どもたちは問題②

で一度立ち止まります。

① 　５２１
　　－３１７

② 　４０３
　　－１７８

③ 　８０２
　　－　７

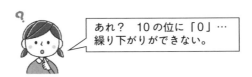

あれ？　10の位に「0」…
繰り下がりができない。

　これは，問題②（波及的繰り下がりのある３位数－３位数の筆算）が未習の部分となるからです。ここで，生まれる子どもの問いは，「十の位から繰り下がりができないときはどうするの？」です。
　どちらも「教師のしかけ」によって，いかに子どもの問いを生むかということがカギです。これを考えるうえで基にしたい概念が，「シツエーション」です。次項で詳しく説明します。

【引用・参考文献】
・伊藤説朗（1993a）『子どもたちが作り上げる算数―1　数学教育における構成的方法に関する研究［上］』明治図書
・伊藤説朗（1993b）『子どもたちが作り上げる算数―1　数学教育における構成的方法に関する研究［下］』明治図書

3 シツエーションとは

①教具としてのシツエーション

　問題提示を考える際に大切なことの1つに，教材があります。「教材」の意味を国語辞典で調べてみると，「授業・学習に使う材料」と出てきます。教具とも言えます。

　平林（1975）は，教具について，「situation（以下，シツエーションで統一）」という概念を用いて論じています。シツエーションについて，以下のように述べています。

> 子供に考えさせるためには，われわれはまず Situation を整備しなくてはならない。教具は思考を触発させるための具体的な Situation である。（p.1）
> 知識の理解も創造も，situation においてはじめて可能であり，それが真正な形で行われるとすれば，それは situation において，なされるより他はない。（p.66）

ここから，以下のように考えることができます。

> 　教師が適切なシツエーションを設定することによって，子どもの問い及び思考を引き出し，望ましい数学的活動を遂行させることができる。

②場としてのシツエーション

　場としての数学的なシツエーションについて，平林（1975）は，以下のように述べています。

> われわれは，子供に直接的に関与して彼に考えさせることはできない。ただ一つの「場」を整備して，そこへ子供を連れてくることは可能である。そしてその「場」の設定がよろしければ，そこにおかれた子供は，自発的に考え始めるというわけです。
> 算数の授業も，一つの「場」として計画されねばならない。(中略) いずれにしても，それは子供の自発的な思考展開を約束する場所です。そしてこのような「場」の構成者は，子供をもっともよく知っている算数の教師をおいて他にありません。(p.132)

　ここから以下のように考えることができます。いかに問題提示で教師がしかけるか，これが大切なのです。

■シツエーションによって子どもの思考が始まる。
■シツエーションの構成者は教師である。

【引用・参考文献】
・平林一榮（1975）『算数・数学教育のシツエーション』広島大学出版研究会

4 シツエーション×
アフォーダンス

①アフォーダンスとは

「アフォーダンス」という言葉をご存知でしょうか。認知心理学の概念の１つで，D.A. ノーマン（1996）は，以下のように述べています。

> アフォーダンスとは，それで何ができるか，ということである。(p.144)

また，佐々木（2015）は，アフォーダンスの意味について，以下のように述べています。

> アフォーダンス（affordance）は，（中略）「環境が動物に与え，提供している意味や価値」である。よいものでも（食物や住まいのように），わるいものでも（毒や落とし穴のように），環境が動物のために備えているのがアフォーダンスである。(p.60，下線筆者)

アフォーダンスとは，「環境（状況，デザイン等）によって人に与えられる意味や価値」というわけです。

②シツエーションとアフォーダンス

前節の「シツエーション」の議論を踏まえると，以下のように捉えることができます。

> 教師がつくる数学的な situation が子どもの数学的活動を afford する。

と捉えることができます。

もう少し詳しく言えば，次のように述べられます。

> 教師のしかけ（教具や場としてのシツエーション）によってもたらされた環境から生まれた問いによって，子どもたちは新たな算数を創る。

教師のしかけが適切でなければ，子どもの問いが自然に生まれてくることはないでしょう。そして，望ましい数学的活動が行われることは極めて難しくなります。

だからこそ，問題と問題提示について工夫をする必要があるのです。

【引用・参考文献】
・D.A. ノーマン（著），佐伯胖（監訳）(1996)『人を賢くする道具 ソフト・テクノロジーの心理学』新曜社
・佐々木正人 (2015)『新版 アフォーダンス』岩波書店

5 教科書アレンジとは

①教科書をアレンジする目的

　ここまで，問題と問題提示の大切さについて述べてきました。一方で，毎日ある算数の授業で，問題を工夫し続けることは，現実的に困難です。また，教科書の問題は非常に優れています。

　そこで，問題提示の在り方として，「教科書アレンジ」をおすすめします。教科書アレンジとは，教科書をどう「活用」するかを考えるということです。

　教科書アレンジの目的を，私自身も所属している志算研（2021）は，以下の4点に整理しています。

　①ねらいをよりよく達成するため。
　②子どもの意欲を喚起し，「学びに向かう力」をつける。
　③内容の系統性を意識し，よりスムーズに次の内容，または将来の内容につなげる。
　④全員参加，全員理解の授業をつくる。　　　（p.8）

②教科書アレンジの視点

　志算研（2021）が提案している教科書アレンジの視点は，12個あります。

以下の通りです。

1　逆をたどる
2　きまりを仕組む，パズル形式にする
3　迷う場面にする
4　比べる場面にする
5　考察の対象をつくる
6　考察の視点を与える
7　単純化する
8　条件を変える，条件を決めさせる
9　隠す
10　視覚化する
11　オープンエンドにする
12　ゲーム化する　　　　　　　　　　（p.9）

　算数教育では，しばしば「答えが出てからが本当の算数」と言われます。答えが出た後も，さらに追究する問いや新たな問いを基に答え続ける姿を期待しているわけです。
　教科書アレンジを行うことによって，このような学びに向かう力も育てることができます。

【引用・参考文献】
・盛山隆雄ほか（編著），志の算数教育研究会（著）（2021）『学びに
　向かう力を育てる！　算数教科書アレンジ』明治図書

6 教科書アレンジの活用

①おすすめの教科書アレンジ

12の教科書アレンジのうち,「どのアレンジがおすすめですか?」と聞かれれば,以下の4つと答えます。

> 2 きまりを仕組む,パズル形式にする
> 8 条件を変える,条件を決めさせる
> 11 オープンエンドにする
> 12 ゲーム化する

1年間の授業を通して考えれば,どのアレンジも行います。しかしながら,よく使うものがこの4つなのです。よく使う理由は,子どもの問いを生み出しやすいからです。これがおすすめする理由でもあります。

また,1年生から6年生まで,どの学年にも行いやすいといった理由もあります。

②どんなアレンジか

おすすめする4つのアレンジそれぞれの目的を簡単に整理すると,次ページのようになります。

2　きまりを仕組む，パズル形式にする
　→子どもが意欲的に取り組むことができる

8　条件を変える，条件を決めさせる
　→スムーズに既習が使えるようにする

11　オープンエンドにする
　→多様性を引き出し，理解を深める

12　ゲーム化する
　→学習意欲を引き出し，学習内容の方向に向ける

　次節以降，実際の授業のもとに，これらのアレンジでどのように子どもの問いが生まれ，どのように考えていくのかについて解説していきます。

【引用・参考文献】
・盛山隆雄（編著），志の算数教育研究会（著）（2014）『11の視点で授業が変わる！　算数教科書アレンジ事例40』東洋館出版社
・盛山隆雄ほか（編著），志の算数教育研究会（著）（2021）『学びに向かう力を育てる！　算数教科書アレンジ』明治図書

教科書アレンジの実践①

きまりを仕組む，
パズル形式にする

（1年／数の石垣）

1　授業の概要

　本時で扱う教材は「数の石垣」です。「数の石垣」とは，ドイツの数学教育学者ヴィットマン（E.Ch.Wittmann）らが中心となって編集した算数の教科書『数の本』（DasZahlenbuch）で採用されている計算練習フォーマットです。

　「数の石垣」は，隣り合う2つの数を加えて，上の段に書くという極めて単純な仕組みでできています。また，仕組みは単純なものの，そこには多くの数学的な規則性が潜んでいます。規則性を追究する中で計算の習熟を図ることができる教材でもあります。そして，子ども一人ひとりが問題を創り出していくこともできる教材です。

　本実践は，「3段目（頂上）の数は1段目の3つの数の和に1加えた数になる」という規則性を仕組んだ「数の石垣」を，たし算の活用として位置づけています。

050

2　問題提示のポイント

①子どもたちとの対話を通して数の石垣の仕組みを理解できるようにする

　数の石垣の仕組みをただ機械的に教えるだけでは，意欲を高めたり，全員参加型の授業へと誘ったりすることは難しいです。そこで，「計算ピラミッド（数の石垣のこと）を埋めてみよう」と投げかけ，対話を基に数を埋めていくことを通して，数の石垣の仕組みを理解できるようにしていきます。

②規則性に基づくルールを提示する

　計算の習熟という数学の事象から，「計算ピラミッドゲームをしよう」という数学的に表現した問題を投げかけます。その際に「1段目の3つの数の和が3段目の数より大きければ教師の勝ち，同じであれば子どもの勝ち」というルールを提示します。このルールでのゲームによって，子どもの「なんで？」を引き出していきます。したがって「ゲーム化する」の教科書アレンジにもなっています。

3　授業展開

①数の石垣の仕組みを知る

　導入では，0～9の数のカードと3段の「数の石垣（1段目の真ん中の数が「1」）」を提示します。

第2章　算数授業と問題提示　051

1段目の真ん中の数が「2」や「3」になるものもあることを示したうえで,「計算ピラミッドを埋めてみよう」と投げかけます。子どもの入れたい数を問い,1段目の左と右に入れます。例えば,下図のように1段目を埋めるとします。

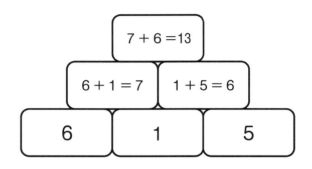

子どもとの対話を通して2段目及び3段目の数を確認していく中で,子どもたちは「数の石垣」の仕組みを理解していきました。実態に応じて,同様の活動を2,3回繰り返すようにします。

②問題を焦点化する

次に,「計算ピラミッドゲームをしよう」と投げかけます。「1段目の3つの数の和より3段目の数が大きければ教師の勝ち,同じであれば子どもの勝ち」というルールです。1段目の真ん中の数が「0」の場合のみ同じとなり,子どもは勝つことができます。1段目の真ん中の数が「1」の数の石垣を提示しゲームを続けていることから,

必ず教師が勝ちます。これらが，教師のしかけであり，
「きまりを仕組む」という教科書アレンジです。

　ゲームをすれば必ず教師が勝つことに対して，次のよう
な問いが生まれました。

C　なんでいつも先生が勝つの？
C　私たちはなんで勝てないの？
C　なんか秘密があるはず！　どんな秘密だろう？

　これらの問いが，本時の焦点化した問題です。

なんで先生がいつも勝つの？
その秘密は何だろう？

---

③帰納的にきまりを明らかにする

　「なんか秘密があるはず！」という子どもの発言をきっ
かけに，子どもたち一人ひとりが数の石垣に様々な数を入
れていきました。ここで働かせたい数学的な見方は「数と
数の関係に着目する」です。具体的には，「1段目の3つ
の数の和」と「3段目の数」の関係です。

　実際の授業では，その関係に着目することが難しかった
ため，「どうやって3段目の数は決まるんだろうね？」と，
個別に問いかけていきました。そして，友だちがつくった
数の石垣を見比べていく中で，帰納的に次のきまりを見い

第2章　算数授業と問題提示　053

だしました。

1段目の3つの数の和＋1＝3段目の数

---

④条件を変える

　きまりを見いだしたものの，先生が勝ってしまう理由に
みんなが悩んでいる中，以下のやりとりが行われました。
期待していた子どもの姿の1つです。

C　先生，真ん中の1って変えてもいいの？

T　どうしてそうしたいと思ったの？

C　だって，今までずっと真ん中の数が1だったから，こ
　　こが怪しいなぁと思って…。

　これをきっかけに，子どもたちは1段目の真ん中の数
（条件）をいろいろと変えて試していきました。その中で，
「1段目の真ん中の数を0にしたら勝つことができる」と
いう秘密を解き明かすことができました。

4　さらなる発展

①さらなる問い

　子どもの問いによっては，次の2つのさらなる発展的な
展開が望めます。

■「1段目の3つの数の和＋1＝3段目の数」となる理由を1年生なりの言葉で演繹的に説明する。
■1段目の真ん中の数が1と0以外の場合のきまりを明らかにする。

②ひき算の活用

例えば，下図のように「3段目の数が15の計算ピラミッドをつくろう！」と投げかければ，2段目の数の組み合わせについて，たし算だけでなくひき算も用いて考えていくことができます。ここでのアレンジは，「パズル形式にする」です。

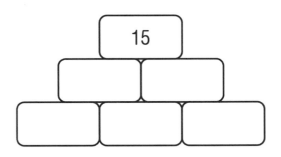

ひき算の活用として位置づけるときの数の石垣の例

【引用・参考文献】
・山本信也（2006）『数の石垣　ドイツからやってきた計算学習』東洋館出版社

教科書アレンジの実践②

条件を変える，
条件を決めさせる

（3年／かけ算）

1　授業の概要

　本時は，2位数×2位数（何十何）の計算の仕方を考える時間です。かける数が2位数の計算は，何十をかける計算と，1位数をかける計算を基にしてできます。分配法則を活用しています。ただし，かける数が1位数の場合はかけられる数を位ごとに分けるのに対して，かける数が2位数の場合は，かける数を位ごとに分けて計算します。

　かける数の1の位を□として，問題提示を始めます。「12×2□」と立式した後に，「□にどんな数が入ったら簡単？」と発問します。子どもたちは，「0」の数を答えるでしょう。一方で，「□にどんな数が入ったら難しい？」と発問すれば，「1〜9」をあげるでしょう。

　生まれる子どもの問いは，「かける数が何十何のときのかけ算の計算の仕方は？」です。これが，焦点化した問題です。このように，既習事項と未習事項を学びの文脈の中で引き出していきます。

056

2　問題提示のポイント

①既習事項と未習事項を自然と引き出す

　かける数の一の位を□にすることで，自分自身で数値を決めることができるようにします。既習事項と未習事項を自然と引き出すことができるとともに，一斉授業の中で取り組む課題や難易度を自分で設定することができます。これは，個別最適な学びの第一歩となります。

②難易度で問いを生む

　立式後，「□にどんな数が入ったら簡単？　難しい？」と発問することで，難易度の選択ができるようにします。そして，難易度が易しいもの（かける数が何十）から難しいもの（かける数が何十何）へと促すことで，焦点化した問いが生まれます。問いが焦点化されるからこそ，子どもたちは何とかしようと，思考・表現していくのです。

3　授業展開

①既習事項を引き出す

　1枚12円の画用紙を2□枚買います。
　代金はいくらですか。

　「12×2□」と立式した後，「□にどんな数が入ったら

第2章　算数授業と問題提示　057

簡単?」と発問したところ,子どもたちは,「0」と答えました。

そこでまず「12×20をやってみよう!」と投げかけました。

下の板書のように,既習事項のため根拠を明らかにしながら解決することができました。

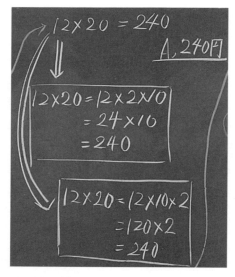

12×20の計算についての子どもたちの考え方

②難しさという視点から問題を焦点化する

ある子どもが,次のように言いました。

C　20だったら余裕だよね!

そこで,「余裕じゃない数があるのね?」と問い返しました。

すると,子どもたちは「1～9」の数を答えました。「どうして?」と問い返すと,ある子どもが次のように答えてくれました。

C　ぴったりじゃない数だから。

ほとんどの子が,相づちを打ったり,「わかる!」と共感したりしていました。

かける数がぴったりじゃないときの計算の仕方は?

上のように,子どもたちの焦点化した問題が生まれた瞬間でした。

③条件を自ら変える,決める

ある子どもが次のようにつぶやきました。

C　1～9の中でも,難しさが違うよなぁ…。

そこで,「この気持ちがわかる人?」と問い返すと,共感する子どもが多くいました。

そこで,自分で□に入れる数を決めて取り組むよう促しました。自分なりの直観で難易度を選択できることも,

第2章　算数授業と問題提示　059

「条件を変える，条件を決めさせる」アレンジのよさです。

自分で考える時間では，自ら決めた1つの数値に対して方法や根拠を明らかにする子どももいれば，いくつかの数を当てはめて共通点を見いだしている子もいました。本章第5項でも触れた「答えが出てからが本当の算数」を実践しているわけです。

④子どもが働かせた数学的な見方・考え方を，全体で共有する

本時で子どもが働かせ，豊かにしたい数学的な見方は，「数量の関係（何十何を何十と何に分ける）と計算に関して成り立つ性質（分配法則）に着目する」ことです。

下の板書は，子どもたちの話し合いの結果です。

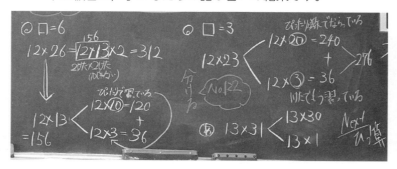

計算の仕方を明らかにしていく話し合いの板書

「かけられる数を分ける」というこれまでのアイデアを基に，「かける数も同じようにできないか？」という問いをもって試行錯誤していました。

板書中の「ぴったり（の数）で習っている」「1けたでもう習っている」といった子どもたちの発言は，働かせた数学的な見方が言語化・顕在化されたものです。

こういった発言を引き出すためには，次のように問い返すことが大切です（詳しくは，第3章で解説します）。

どうしてそうしようと思ったの？

このように，子どもたちが働かせた数学的な見方・考え方を言語化・顕在化し，共有することが，豊かにしていくためのカギとなります。

4　実践のその後

問題解決を振り返ると，新たな問いが生まれます。本実践であれば，「筆算はどうやってやるのかな？」となりました。

算数は，系統性の強い教科です。系統性があるからこそ，既習と未習をつなげて新たな問いが生まれます。だからこそ，問題提示を通して，意図的・計画的に既習事項と未習事項をつなげていきましょう。

教科書アレンジの実践③

オープンエンドにする

（３年／わり算）

1　授業の概要

　本時は，３年「わり算」の導入の時間です。多くの教科書では，「同じ数ずつ３人で分ける」などの条件を提示したうえでわり算を導入します。この実践では「わり算が用いられる場合とその意味」についても考えていきます。

　「20個のチョコレートがあります。４人で分けます」と問題を提示すると，「いくつずつ分けるの？」「どんな４人で分けるの？」といった素朴な問いが生まれます。子どもの問いやつぶやきに沿って問い返すことで，多様な解が生まれます。ここで多様性を引き出しておくことで，次時以降のわり算への深い理解につながっていきます。

2　問題提示のポイント

①子ども一人ひとりの価値観から多様性を引き出す

　「分ける」という言葉を１つ取っても，子ども一人ひとりの価値観の違いから，様々な分け方が存在します。みん

062

なで平等に分ける子どももいれば，好き嫌いを基に分ける
数を変える子どももいることでしょう。これらの分け方の
違いから，同じ数ずつ分けるときの計算の場面や意味につ
いて理解が深まるわけです。

3　授業展開

①問題の条件を設定していく

> 20個のチョコレートがあります。
> 4人で分けます。

　問題を提示した直後，以下のような問いが子どもたちか
ら発せられました。

C　1人何個とか決まっているの？
C　みんな同じ数？　それともバラバラ？
C　友だちと分けるの？

　多くの問題は，このような条件があらかじめ決まってい
ますが，子どもたちとの対話を通して，条件を設定してい
くことは，問題発見の第一歩です。
　子どもたちの問いを受けて，「父，母，2人姉妹の4人
で分ける」という条件を提示しました。
　そのうえで，「この4人ならどう分けたい？」と投げか

第2章　算数授業と問題提示　063

け，本時の数学的に表現した問題としました。

②多様な解をさらに引き出す条件設定

本時で出された子どもの答えと考えの一部は，以下の通りです。

C　みんなで平等に分けるから，1人5個だよ。
C　子どもたちにはちょっと多めにあげよう！　お姉ちゃんと妹には7個ずつ，お母さんとお父さんには3個ずつでいいかな。

そこで，「姉はチョコレート好き」というさらなる条件をつけ加えました。「だったら…」と，子どもたちは再度考え始めました。はじめの問題より，さらに多様な解と考えが生まれました。

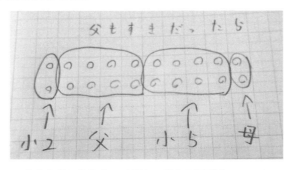

自分なりに条件をつけ加えて考えた子どものノート

上のノートを書いた子どもは，父もチョコレートが好き

という条件をつけ加えて考えていました。こういった発展
も生まれます。

③考えの着想を問い，その子どもなりの価値観（見方）を
引き出す

> どうしてその分け方にしようと思ったの？

　このように一人ひとりの考えに問い返していくと，その
子どもなりの価値観（見方）が明らかになっていきます。
「好きだから多めにあげる」「好きだからといってあげすぎ
たら，他の家族がかわいそう」「姉が好きなら他にも好き
な人がいるかもしれない」…といった価値観による多様な
分け方を経験しておくことが，次時以降のわり算への深い
理解につながっていきます。

4　実践のその後

　わり算の学習を進めていくと，「1時間目のときとは違
うよ！」「今回は『同じ数ずつ分ける』んだね」といった，
導入の時間と比較した発言がよく聞かれました。
　「同じ数ずつ分けない（多様な分け方が存在する）問題」
を扱ったことで，わり算が用いられる場合とその意味を深
く理解したと言えるでしょう。

第2章　算数授業と問題提示　065

教科書アレンジの実践④

ゲーム化する

（5年／偶数と奇数，倍数と約数）

1　授業の概要

　本時は，整数の性質を調べていく，5年「偶数と奇数，倍数と約数」の単元の導入に位置づいています。「数くじ引き」と称して，数に「あたり」と「はずれ」を組み込んでゲーム化するところから問題提示を始めます。くじを引いていく中で，次のような子どもの問いが生まれてきます。

C　何の数があたり（はずれ）なの？
C　どうして12はあたりなの？
C　そもそもあたり（はずれ）ってどういう数なの？

　解決する中で，次の数学的な見方・考え方を言語化・顕在化し，共有していきます。

> ■1の位に着目して判断する。
> ■2でわりきれるかどうかに着目して判断する。

```
2  問題提示のポイント
```

①あたりとはずれに分けることで「2」を引き出す

　くじ引きは現実の事象であり，あたりとはずれを組み込むことによって「ゲーム化」できます。また，あたりとはずれの2種類の数に類別することを通して，「2」という数に着目する見方を自然と引き出します。

②段階的なゲームにする

　「12や4のような具体的な数」「□8のような十の位が不明な数」「1□のような一の位が不明な数」という3種類の数が入ったくじを段階的に引かせることを通して，働かせる数学的な見方・考え方を豊かにしていきます。

```
3  授業展開
```

①事象を数学的に表現した問題へと変えていく

```
　数くじ引きをしよう。
```

　実際に何人かの子どもたちにくじを引いてもらい，あたりとはずれを告げていきます。

C　え～，なんではずれかわかんないよ…。
C　私，わかったかも！

第2章　算数授業と問題提示　067

これらの発言への共感を問いながら，くじ引きという現実の事象を数学的に表現した問題（「どんな数があたりで，どんな数がはずれなの？」）へと変えていきます。

　何度かくじ引きを繰り返していくと，「わかった！」という声が増えていきます。これらの声は，「12や4は九九にあって，かけ算で見られるからあたり？」「23や59は九九になくて，わりきれないからはずれ？」などの問いに基づいて解決した結果だと考えられます。

　ここから，「2の段としてみる」「2でわりきれるかどうかでみる」といった見方に洗練されていくのです。

②段階的なくじで，働かせた数学的な見方・考え方を豊かにしていく

　次に，2つ目の封筒からくじを引いてもらいます。出てくる数は「十の位が□で表された数」です。「十の位がわからないから無理だよ！」と，「いや，絶対にあたりだと思うよ！」と，2つの意見に分かれます。

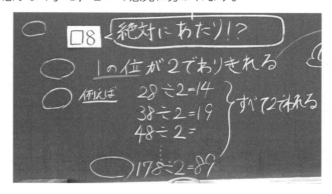

これらの発言に問い返していくと，□に数字を当てはめて具体的に理由を述べる子どもの姿が期待できます。中には，２位数の範囲を超えて発展的に考える子どもも出てきます。

　このくじを２，３回繰り返し，「あたりかはずれかを説明する活動」を通して，働かせた数学的な見方・考え方を言語化・顕在化し，共有していきます。

　さらに，３つ目の封筒からくじを引いてもらいます。出てくる数は「１の位が□で表された数」です。

　はじめは戸惑うものの，２つ目のくじの際に働かせた数学的な見方・考え方を用いて，14や19などの具体的な数字で考え，解決していく子どもの姿が期待できます。

　最後に，「偶数」と「奇数」の言葉を教え，働かせた数学的な見方・考え方を基に定義付けをします。また，「今日のめあてって何だった？」と問うことを通して，本時の数学的活動を通して追究していた問い「偶数と奇数ってどんな数？」を明らかにするのです。

第２章　算数授業と問題提示

7 問題提示からの問題発展

①実践から見る個別学習

　加固（2023）は，「個別最適な学び」と「協働的な学び」の目的を，次のようにまとめています。

　　資質・能力を身に付け，生涯にわたって能動的（アクティブ）に学び続けるような人に育てること（p.17）

　そして，以下のようにも述べています。

　　「答えが出たら終わり」とするのではなく，知識が使える根拠や背景を考え，他の知識と結びつけながら知識を構造化させていくような「学び方」を学ぶことが大切なのです。（p.20）

　このような考え方のもと，一斉授業と個別学習を取り入れた単元構成の実際を提案しています。

　私は加固（2023）の立場に立ち，一斉授業で算数の本質に基づいた学び方も学べるようにし，個別学習で子どもが数学的な見方・考え方を働かせる問題解決を支援していく，という形で授業を進めることが多いです。

　一斉授業において問題提示の工夫を続けることで，個別

学習が充実していきます。

②個別学習の流れ

　私は，以下の流れで個別学習を行っています。

1　前時までの復習を通して，働かせてきた数学的な
　見方・考え方を改めて共有する。
2　自分学習1（原問題の解決）を行う。
3　自分学習2（原問題の発展）を行う。
4　本時のまとめを自ら行う。

　子どもたちとも，この流れを共有しています。

　「自分学習1」とは，教師が提示した原問題を子どもた
ちが解決することです。方法（第4章で詳しく述べます），
形態，順序を子どもに委ねます。とにかく，原問題を追究
します。

　「自分学習2」とは，子ども自らが原問題を発展させた
問題を解決することです。ここでは，内容をも委ねること
になります。ただし，子どもの意思決定により，自分学習
1を継続してもよいことにしています。

③提示された問題を子どもが自ら発展させる

　3年「たし算とひき算の筆算」の3位数－3位数の筆算
（波及的繰り下がりあり）の仕方を考える時間を，個別学
習の一例としてあげます。

第2章　算数授業と問題提示　071

次の写真は，本時の板書です。

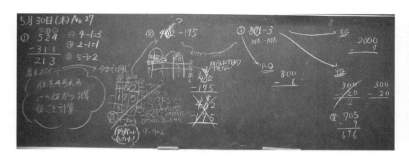

問題として提示する計算は，基本的に教科書にあるものを活用しています。この問題を原問題として，子ども自らが問題を発展させていきます。

教科書の問題は，基本的に系統性がしっかりと考えられています。だから，本章第2項でも引用した伊藤（1993）があげた望ましい問題の条件の1つである「その問題を解決した後に，それを拡張したり一般化したりして，発展させやすいもの」を満たしやすいのです。

自分学習1では，原問題である「①402-175」「②801-3」を解決します。追究の在り方（方法）も，形態（1人で学ぶor複数人で学ぶor先生と学ぶ）も，順序（どちらから解いてもよい）も，子どもの意思に委ねます。

本質は，自分学習2です。原問題を発展させた子どもの問題の例が「508-199」「2000-7」です。後者は次時に扱う問題です。しかしながら，子どもが自ら発展させ，解決することに価値があります。

子ども自身が問題を発展させる視点として，次の2点を

提示しています。

> ■数値を変える。
> ■条件を変える。

　「数値を変える」については，先ほど例示した前者の問題（508－199）が当てはまります。「条件を変える」については，後者の問題（2000－7）が当てはまります。ここでは，ひかれる数の桁数という条件を変えたわけです。中には，さらに桁数を増やして筆算の仕方は同じであることを明らかにしている子どももいました。
　子どもが自ら問題を発展させるには，もちろん経験が欠かせません。しかしながら，大きな影響を与えることは，一斉授業における問題提示だと，強く感じています。問題提示の工夫を繰り返していくからこそ，子どもが問題を発展させる際も工夫できるのです。

【引用・参考文献】
・加固希支男（2023）『小学校算数「個別最適な学び」と「協働的な学び」の一体的な充実』明治図書
・伊藤説朗（1993）『子どもたちが作り上げる算数―1　数学教育における構成的方法に関する研究［下］』明治図書

コラム

問題提示の失敗

　問題提示において，「どのような形で問題を提示するか」は大切な視点です。

　若いころの私も，いろいろと試行錯誤していました。問題文に身近な人を登場させる，絵や実物のモデルを見せる，物語形式にする…といったことです。なんとなく授業は盛り上がり，一見すると子どもたちは前のめりに見えました。

　しかし，授業が終末に向かうにつれて，子どもたちの勢いは衰えていきました。私は「問題提示はうまくいったはずなのになぜ…？」などと考えていました。

　このような提示の仕方は，今でも使うことはあります。しかしながら，当時とはその目的が違います。

当時の目的→子どもを問題に食いつかせる
現在の目的→子どもの問いを生む

　つまり，以前の私は，算数の学びのための問題提示をできていなかったのです。それはつまり，本質に迫るための教材研究も甘かったということだと思います。

第 3 章
算数授業と発問

1 発問, 本当にそれでいいの？

①ある授業での発問から

4年「面積」の単元において，L字型の図形の求積が問題として扱われます。

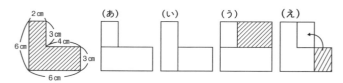

L字型の図形の求積方法の例

（文部科学省（2018），p.211を参考に作成）

このような問題を扱う場面で，以下のようなやりとりを見たことがないでしょうか。

C1　L字型の図形を，横に直線を引いて2つの長方形に分けました。3×2＋3×6＝24で24cm^{2}になります。

T　C1さんはこのように言っています。
　　皆さん，どうですか？

C　いいです！

T　では，次の考え方は，○○さん！

教師は，子どもたちにとって一番身近な大人であり，その発言は，よい意味でも悪い意味でも子どもたちに大きな影響を与えます。

　「どうですか？」「いいですか！」というやりとりの場面を，私自身これまでにたくさん目にしてきました。多くの学級では，同調圧力が働き，子どもたちは「いいです！」としか言えません。これは，考えを発表している子どもたちの問題ではなく，教師の普段の発問の質の問題です。

　教師が「いいですか？」「どうですか？」といったひどく曖昧な発問を繰り返しているからこそ，こういった状況が起こるのです。

②改めて発問を問い直す

　さて，皆さんだったら，上述の場面でどのように発問するでしょうか，もちろん，子どもたちの発達段階や学級の学びに対する成熟具合によって，いろいろな発問が考えられます。

　普段我々教師が行っている発問について，理論と実践を通して問い直していきましょう。

【引用・参考文献】
・文部科学省（2018）『小学校学習指導要領（平成29年告示）解説　算数編』日本文教出版

2 望ましい発問

①質問と発問の違い

よく話題にあがることの１つに，「質問と発問の違い」があるのではないでしょうか？　一般的に発問とは，授業中に教師が行う意図的な問いかけ（指導言）で，授業をつくるうえで大事な指導技術の１つです。

独立行政法人教職員支援機構（2023）は，「発問とは子どもに考えさせる質問のことです」と述べており，様々な発問があることも示しています。質問という集合の中に，発問という集合があるわけです。

しかしながら，「考えることは，まず問うこと」であるわけですから，子どもの思考が伴ってこその発問です。

②どんな発問が望ましいのか

では，算数の授業における発問は，どんなものがよいのでしょうか。江森（2012）は次のように述べています。

発問に深さがあるように，板書にも深さがなければならない。よい発問から出発したよい授業には，奥の深い板書が残される。人が考えるということはどういうことなのかが，よい板書にはきざみ込まれている。
（pp.161-162）

板書については後述（第5章第2項）しますが，江森氏が述べるように，発問には「深さ」があります。皆さんも，「この発問では子どもたちが活発に意見を言ったなぁ」「この発問では全然意見が出なかったなぁ」と感じたことがあるのではないでしょうか。この違いを生み出すものが，発問の「深さ」だと考えます。

　そもそも発問のねらいは，子どもが深い思考ができるようにすることです。だからこそ，発問に「深さ」があるわけです。

　次項以降，具体的な望ましい発問（深い発問）について考えていきます。

【引用・参考文献】

・独立行政法人教職員支援機構（2023）「分かる授業をつくる〜効果的な発問・板書〜：基礎的研修シリーズ No.16」
　https://www.nits.go.jp/materials/basic/016.html
・江森英世（2012）『算数・数学授業のための数学的コミュニケーション論序説』明治図書

3 発問＝教師の「問うべき問い」

① 「問うべき問い」とは

　算数教育では，しばしば「問うべき問い」についての話題があがります。簡単に言えば，授業のねらいを達成し，学びを深めるうえで欠かせない発問のことです。

　ところで，杉山（2012）は，考える過程（自問自答の過程）について，以下のように述べています。

　問いに対して仮の答えを出してみる。その答えが別の面から見ても不都合はないかを問う。それに対する修正をし，また別の答えを出す。また別の面からの検討によって生まれてくる問いを問い，それに答える。このような過程を経て一応の結論を得るのである。（中略），その得られた答えが，果たしていろいろな問いに対して整合性が保たれているかを問いつつ吟味をする場合にも必要なことである。（p.75，下線筆者）

　算数の授業において，ただ問題の答えを得ただけでは，学びを深めることができたとは言えません。様々な視点から問われる「問うべき問い」によって，学びは深まっていくわけです。

②7つの「問うべき問い」

　杉山（2012）は，「問うべき問い」の具体について「それぞれの教材に関連していることが多い」（p.76）と述べたうえで，一般的な立場からの「問うべき問い」について，次の2点をあげています。

　　○根拠を問う問い
　　○得られた結論をより確かなものにする問い

　前者は確かな知識を得るために確かな根拠と正しい方法を問うものであり，後者は自分の得た結論をさらに進めていったときにも大丈夫なのかと考えることから，その結論を吟味してみようと問うものであるとしています。
　他方，中村（1997）は算数授業での基本的な「問い」として，清水（2011）は算数を創るための「問い」として，池田（2018）は活動後に発見される新たな「問い」として，二宮（2018）は振り返り活動における2つ目の「問い」として，具体的な「問うべき問い」について論じています。

　これらの見解をまとめたものが，次ページの表（筆者作成）です。

先行研究	「問うべき問い」の具体
中村 (1997, p.14)	○なぜを問う問い →既習事項や根拠を問うこと ○どこまでできるかを問う問い →解決の一般性や整合性，そして，発展性を問うこと
清水 (2011, p.10)	○意味や方法を問う問い ○「それはなぜか」と根拠を探る問い ○「いつもいえるのか」という一般性を確かめる問い ○「もっとうまい方法はないか」と洗練を求める問い ○「ほかにはないか」や「もしも〜でなかったらどうか」などと考察の範囲を広げていく問い
池田 (2018, pp.4-5)	○学習したことを自分のものとして整理・整頓する活動 ○考察の対象を広げて考えようとする発展的な問い
二宮 (2018, p.18)	○収束的な2つ目の問い →「結果の意味を考察する」ことを促す問い ○発展的な2つ目の問い →「概念を形成したり体系化したりする」ことを促す問い

これらの見解を基に，「問うべき問い」の具体として整理したものが次の7つです。

1　意味や方法を問う問い

2　根拠を問う問い

3　表現の洗練や翻訳を問う問い

4　統合的な考えを促す問い

5　発展的な考えを促す問い

6　一般性を問う問い

7　自らの学びを振り返る問い

　これらの「問うべき問い」を，授業で扱う教材に合わせて問うことが大切です。

【引用・参考文献】

・杉山吉茂（2012）『確かな算数・数学教育をもとめて』東洋館出版社

・中村享史（1997）「『なぜ』『どこまで』の問いを大切にする」（『教育科学　算数教育』No.500，pp.14－17）

・清水美憲（2011）「算数をつくる子どもを育てるための授業改善」（『新しい算数研究』No.484，pp.8－11）

・池田敏和（2018）「算数における『主体的・対話的で深い学び』」（『新しい算数研究』No.569，pp.4－7）

・二宮裕之（2018）「振り返りを生かす」（第34回小学校算数教育研究全国（熊本）大会当日資料，pp.20－22）

4 「問うべき問い」の具体

①7つの「問うべき問い」の具体

　前項において，7つの「問うべき問い」の具体をあげました。本節では，授業レベルで問う，「問うべき問い」の具体例について提案します。

1　意味や方法を問う問い
　　例　○の数ってどういう意味？
　　　　どうやって求めたの？
2　根拠を問う問い
　　例　なんで？
3　表現の洗練や翻訳を問う問い
　　例　もっとわかりやすい表し方はあるかな？
　　　　この式を図に表すと？
4　統合的な考えを促す問い
　　例　共通点は？
5　発展的な考えを促す問い
　　例　もしも…だったら？
6　一般性を問う問い
　　例　いつでも言えるかな？
7　自らの学びを振り返る問い
　　例　今日の学習で大切なことは？

---

②もう1つの「問うべき問い」

　加固（2018）は，整数×小数の計算の仕方を例にあげ，「どうして整数にしようと思ったのか？」という問いを「発想の源」を問う問いとし，その重要性について，以下のように述べています。

> 「発想の源」を問うと，問題を解くための知恵が出てきて，次に自分で問題に取り組むとき，「どうやって考えればいいかな」という直観が働くようになる。そして，「前の学習を使えば，新しいことも自分で創れるんだ！」という実感をもつことができる。(p.34)

　「発想の源」とは，数学的な結果の背景にあるものであり，それを明らかにする問いを問い続けることで，子ども自らが算数を創ることにつながっていくと解釈できます。
　よって，もう1つの「問うべき問い」として，以下をあげることができます。

8　発想の源を問う問い
　　例　どうしてそうしようと思ったの？

【引用・参考文献】
・加固希支男（2019）『発想の源を問う』東洋館出版社

5 意識的に投げかけたい 4つの発問

① 4つの「問うべき問い」

　8つの「問うべき問い」を闇雲に投げかけても意味がありません。意識的に問いどころを考えることが大切です。

　皆さんは，何をもって問いどころを考えているでしょうか。私は「児童理解」と「教材研究」に基づいて考えており，特に意識的に投げかけているのは，次の4つです。

> 「なんで？」（2　根拠を問う問い）
>
> 「共通点は？」（4　統合的な考えを促す問い）
>
> 「もしも…だったら？」
>
> （5　発展的な考えを促す問い）
>
> 「どうしてそうしようと思ったの？」
>
> （8　発想の源を問う問い）

②投げかける際のポイント

　私が考える，4つの「問うべき問い」を投げかける際のポイントは，それぞれ以下の通りです。

> ■「なんで？」
>
> 　論理的に考えることが大切な教科である算数だから

こそ，根拠を問うことが大切です。ただし，根拠ばかり問い続けると，授業が重くなります。考えを深める「ここぞ」という場面で使います。

■「共通点は？」

　共通点を問うことで，多様な考え方を比較したり，既習事項と新しい内容を関連づけて理解したりすることができます。統合的に考察することにつながります。あわせて違いを問うことで，一つひとつの考え方のよさを見いだすことにもつながります。

■「もしも…だったら？」

　発展を問うことで，さらなる問題につなげていきます。一般化を促すことにもつながります。

■「どうしてそうしようと思ったの？」

　子どもの考えの発想の源を問うことで，働かせた数学的な見方・考え方を言語化・顕在化するとともに全体に共有していきます。この積み重ねが子どもたちの数学的な見方・考え方を豊かにしていきます。

　ところで，第2章第7項において，個別学習に触れました。個別学習における教師の出どころの1つは，発問です。子どもの考え方に対して問い返すという形で，子どもの学びに介入していきます。個別に問い返すということを除けば，基本的には一斉授業と同じです。特に，「8　発想の源を問う問い」を通して，働かせた数学的な見方・考え方を自覚できるようにしていきましょう。

第3章　算数授業と発問　087

発問の実践①

根拠を問う問い
「なんで？」

（4年／面積）

1　授業の概要

　本時は，長方形と正方形の面積について計算で求める方法を考える時間です。

　例えば，長方形の面積を求めるには，面積の意味を考えれば，1cm^{2}の単位正方形を敷き詰めてその個数を求めればよいです。

　一方，単位正方形が規則正しく並んでいるので，乗法を用いると手際よく個数を求めることができます。このとき，縦と横の長さを1cmを単位として測っておくことで，その数値について「縦×横」（または「横×縦」）の計算をした結果が，1cm^{2}を単位とした大きさとして表されることになります。

　「なんで長方形の面積は，『縦×横』の計算で求められるのかな？」と問うことで，「長方形の面積＝縦×横（または横×縦）」という公式について理解できるようにしていきます。

088

2 発問のポイント

①子どもの発言に寄り添って問い返す

　縦と横の長さを単純にかけて面積を求める子どもや先行学習に基づいて公式を使って面積を求める子どもが多いと考えられます。根拠が明らかになっていないわけです。

　だからこそ，子どもの発言に寄り添って，「なんで長方形の面積は，『縦×横』の計算で求められるのかな？」と問い返すことで，その単純さや知識の裏に隠されている根拠を明らかにします。

②問い返しによって得られたある子どもの根拠を，さらに全体に問い返す

　ある子どもが述べた根拠に対して，まずは「今の考えが伝わった人？　伝わってない人？」と問い返します。そのうえで，「○○さんの考えを，だれかと話し合ってきちんと理解しよう！」と投げかけます。

　このようにだれかの考えを解釈・確認することを通して，根拠をより明確にし，理解を深めていきます。

3 授業展開

①今まで学んだことを使って面積を求めるという条件から「面倒だ」という気持ちを引き出す

第3章　算数授業と発問　089

下の長方形と正方形の面積は，何cm²ですか。また，どちらが広いですか。

T　今まで学んだことを使って面積を求められるかな？
C　長方形は1cm²が24個分だから，24cm²だよ。
C　正方形は1cm²が25個分だから，25cm²だね。
C　正方形の方が広かったけど，毎回数えていたら面倒くさいよ。
C　だよね。ぼくは計算でできるよ！
C　わかるー！

　ここで，もう一度自分で考える時間を取りました。

②計算で求めることができる根拠を明らかにする
　長方形の面積をどんな計算で求めたか確認すると，「4×6＝24」と「6×4＝24」という計算が出されました。縦と横の長さを使った，とのことでした。ここで，根拠を問う問いを発しました。

T　なんで長方形の面積が,「縦×横」の計算で求められるのかな？
C1　だって,縦に1cm²が4つあって,それが横に6個分あるから,4×6という計算で面積が求められます。
T　今の考えが伝わった人？　伝わってない人？
　　伝わっていない人もいるね。C1さんの考えを,だれかと話し合ってきちんと理解しよう！

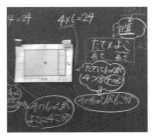

　右は,解釈・確認後に改めて別の子どもたちに説明してもらった後の板書の一部です。
　正方形の面積についても同様に根拠を明らかにしていきました。
　なお,正方形の面積を計算で求める根拠について立場を確認した際には,伝わっている子どもが多かったです。そのため,「今の○○さんの説明を自分の言葉でノートに書いてみよう！」と投げかけました。子どもの反応に応じて,活動を変えることも大切です。

③適用問題を通して一般化する
　最後に,別の長方形や正方形でも計算で求めることができるかを確かめました。この際にも,同じように根拠を問いました。根拠を問うことを通して,「面積を計算で求めること」への理解を深めるとともに,一般化したわけです。

発問の実践②

統合的な考えを促す問い 「共通点は？」

（5年／四角形と三角形の面積）

1 授業の概要

　本時は，台形の面積の求め方を考える時間です。台形の求積は，多角形の面積の学習の集大成とも言えます。

　面積の学習は，既習の内容を基に創造的，発展的に創り上げていくことができることを実感しやすい題材です。つまり，算数科の本質である「算数を創る」ことが行いやすい題材とも言えます。だからこそ，「既習の図形に帰着して面積を求める」という数学的な見方・考え方を働かせ，豊かにしていくことが肝要です。

　本時でも様々な考え方で求めることが可能なため，「共通点は？」と問うことで，統合的な考えを促します。この際に意識したいポイントは，以下の2つです。

■多様な考え方の共通点を見いだす。
■これまでの学びとの共通点を見いだす。

2 発問のポイント

①解釈する活動を取り入れたうえで共通点を問う

　全体で話し合う際，一般的には自分の考えを自分で発表することが多いです。本時のような多様な考え方が出てくる時間では，他者の考えを解釈する活動を取り入れます。

　自分とは異なる視点や方法を理解することで，考え方の共通点や既習とのつながりを見いだしやすくなります。そのうえで，「共通点は？」と問いましょう。

②発想の源もあわせて問う

　例えば，2つの三角形に分けて考えた子どもがいるとします。この際に，「どうして2つの三角形に分けようと思ったの？」と発想の源を問えば，「だって，三角形にすれば面積は求められるから」などと答えるでしょう。

　このように，「既習の図形に帰着して面積を求める」という数学的な見方・考え方を言語化・顕在化し，共有することで，共通点を見いだしやすくします。

3 授業展開

①問題提示から焦点化した問題を引き出す

> 台形 ABCD（次ページ）の面積は何cm²ですか。

第3章　算数授業と発問　093

C 今日は台形だね。

T なぜ台形とわかるの？

C 向かい合っている1組の辺が平行な四角形だから！

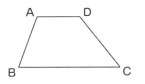

C でもマス目がないと，平行と垂直がわからないよ。先生，マス目は？

T これまでの学習が生きているね！（マス目が入った台形を提示しながら）これだよ。やれそう？

C 台形の面積の求め方を考えればいいよね？

C 公式もつくろうよ！

　子どもたちは，問題提示をした瞬間から，これまでの学びを基に発言しました。学びの積み重ねがあるからこそ，上述のように焦点化した問題も自分たちで見いだすことができるのです。

②解釈する活動から数学的な見方・考え方を共有する

　全体で話し合う際には，他者の考えを解釈する活動を取り入れました。

　右の板書のように，図のみ提示して式を考えたり，式のみ提示して図を考えたりしました。

　この際に，「どうして平行四辺形にしようと思ったの？」

と問うと，「だって面積を求められる学んだ形だから」と答えてくれました。帰着する図形は違えど，他の考え方も「既習の求積できる図形」であることを明らかにしておくことが，この後の発問へとつながりました。

③共通点を問い，統合的な考えを促す

すべての考え方を取り上げた後，共通点を問いました。

T　それぞれの考え方の共通点は？
C　前との学習のつながりで，面積の求められる学んだ形にしています。
C　平行四辺形や三角形のときもそうだったよね！
C　共通点も，習った形にしていることだよね。

解釈する活動の際に発想の源を問い，働かせた数学的な見方・考え方を言語化・顕在化し，共有しておいたからこそ，子どもたちは共通点をすぐに見いだすことができました。もちろんこれまでの学習の積み重ねも大きいです。

4　実践のその後

実は，「公式化の視点で考えると，『倍して平行四辺形にする考え方』が一番いい」と発言した子どもがいました。これは，次時に扱いました。算数を創る経験を積み重ねるからこそ，先の学びとのつながりも見えるのです。

第3章　算数授業と発問　095

発問の実践③

発展的な考えを促す問い
「もしも…だったら？」

（3年／かけ算）

1　授業の概要

　本時は，被乗数が10を超える場合の答えの求め方を考える時間です。子どもたちは，乗法に関して成り立つ性質やきまりを用いて考えることになります。

　多くの教科書において，年度はじめに扱われる単元です。だからこそ，原問題を自ら発展させて，学びを深める態度の素地を養えるようにしていきます。

　具体的には，「12×4」の計算の仕方を考えた後，「もしもかけられる数をさらに増やしたら，どうなるだろう？」と問います。「13×4」「14×4」「15×4」などの計算に取り組む中で，2位数×1位数の計算の仕方を一般化していきます。

2　発問のポイント

①問題提示からのつながりで発展性を問う

　算数科は，系統性の強い教科です。だからこそ，子ども

たちが「学びのつながり」を意識できるようにしたいところです。

「3×4」「7×4」「12×4」と，段階的に問題を提示することで，既習とのつながりを想起できるようにします。

このような問題提示が布石となって，「もしもかけられる数をさらに増やしたら，どうなるだろう？」と問うことが，自然な流れになるわけです。

3　授業展開

①段階的な問題提示で焦点化した問題を生む

> ○の数はいくつでしょう。

問題提示では，スライドなどを用いて，下図のように段階的に難易度を上げていき，本時の焦点化した問題を生んでいきます。

段階的な問題提示

第3章　算数授業と発問　097

C1 今度は，12×4？
C2 かけられる数が10を超えたけど…。
C3 アレイ図にかいて考えるのは大変そうだね…。
　　もっとうまい方法はあるかな？

　C3の発言から，本時の焦点化した問題が設定されました。

②子どもたちの解決方法が既習に基づいていることを明らかにする

　本時で出された子どもの解決方法の一部は，以下の板書の通りです。

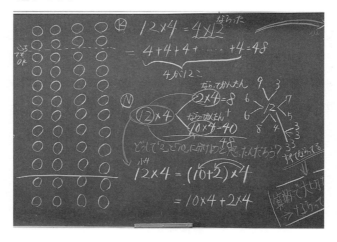

　交換法則を使って考えたり，分配法則を使って考えたりしていました。「算数を創る」視点で言えば，板書の中に

もあるように,「どうして『2』と『10』に分けようと思ったんだろう？」と発想の源を問い,働かせた数学的な見方・考え方を言語化・顕在化し,共有しておくことも欠かせません。

一方で,この共有が発展性を問う際に間違いなく生きてきます。

③発展性を問い,さらに学びを深める

授業の展開後段では,次のように,発展的な考えを促す問いを投げかけました。

T　<u>もしもかけられる数をさらに増やしたら,どうなるだろう？</u>

子どもたちの反応の一部は,以下の通りです。

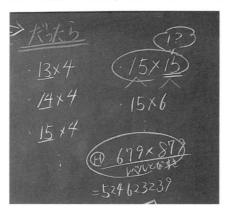

子どもたちが発展させた問題の一部

第3章　算数授業と発問　099

シンプルに問題を発展させて，同様の考え方でできるか試して一般化を図っていた子どもが多かったです。一方で，「15×4」などの計算を確かめた後に，「15×15」や「679×879」のように，かなり問題を発展させて考えようとしている子どもも少数いました。

　そこで，「15×15」と問題を発展させた子どもの悩みを紹介しました。

T　　「15×15」って発展させた人がいるんだけど，かける数も2桁になったから困っているんだって！

C1　かけられる数もかける数も，学んでいるかけ算になるように分けたらいいんじゃない？

C2　でも，2つ同時に分けたら難しくない？

　C1やC2のような発言は，「12×4」の求め方を明らかにする際に，発想の源を問うたからこそ出てきたものだと考えます。ここでは，棚上げして深くは取り上げず，さらに発展させたことを価値づけるとともに，「自主学習で取り組んでみるといいね」と投げかけました。

　第2章第7項でも述べましたが，子ども自身が問題を発展させる際の視点は，次の2つです。

■数値を変える。

■条件を変える。

本時は新学年5回目の授業であったため，これらの視点は示していませんでした。むしろ，うまくいかない経験を積むからこそ，少しずつ学びを深めることができるような問題発展が可能になると考えています。

　だからこそ，上述のように「問題を発展させたけどうまくいかない例」もそのままにせず，価値づけて子どもに投げかけることが大切です。

　ちなみに，後日自習学習で自分なりの考え方を記述してきた子どもがいました。全体の前で称賛し，価値づけました。

4　年度はじめの算数授業だからこそ

　発展的な考えを促す「もしも…だったら？」という発問は，特に，教師が問うのではなく，子ども自身が自らの問いとして問えることが理想的です。

　しかしながら，いきなりこのような問いを自ら問える子どもはほとんどいません。第4章第4項にて詳述しますが，教師が「問うべき問い」を問い続けることが肝要です。

　だからこそ，年度はじめの1，2か月の算数授業では，教材に合わせて教師が意図的に問えるようにしたいものですね。

発問の実践④

発想の源を問う問い
「どうしてそうしようと思ったの？」

（2年／かけ算(2)）

1 授業の概要

　かけ算の単元は，乗法の意味に基づいて乗法九九を構成したり，その過程で乗法九九について成り立つ性質に着目したりするなどして，乗法九九を身につけ，1位数と1位数との乗法の計算が確実にできるようにするとともに，計算を生活や学習に活用する態度を養うことをねらいとしています。

　本時は，8の段の九九の構成の仕方を考える時間です。これまでの実践（一斉授業）とは違い，個別学習での実践例となります。

　既習の九九の構成の仕方のアイデアを基に，8の段の九九を構成の仕方や8の段の九九に成り立つ性質について，子どもたち自らが深く追究していきました。

　個別学習で子どもが数学的な見方・考え方を働かせる問題解決を支援していく1つの在り方として，発想の源を個別に問うていきます。

102

2　発問のポイント

①発想の源を問い，一人ひとりの働かせた数学的な見方・考え方を言語化・顕在化できるようにする

　個別学習においては，子どもに委ねることが多くなります。だからこそ，教師の出どころは精査したいです。

　算数を創るカギは，やはり数学的な見方・考え方です。だからこそ，教師は教室中を動き回って，子どもたち一人ひとりに発想の源を問い，数学的な見方・考え方を言語化・顕在化できるようにしていきます。

②必要に応じて，言語化・顕在化した一人ひとりの数学的な見方・考え方を共有する

　子どもの学びの実態に応じて，ある子どもの言語化・顕在化された数学的な見方・考え方を全体で共有します。

　この積み重ねにより，学級全体の数学的な見方・考え方が豊かになり，今後の学習において働かせられるものとなっていくのです。

（なお，本時ではその場面はありませんでした）

3　授業展開

①前時までの復習を通して，働かせてきた数学的な見方・考え方を改めて共有する

　導入では，これまで学んできた九九の復習をしました。

第3章　算数授業と発問　103

実際に提示した問題は,「6×4」「7×7」「6×2」「7×5」「6×9」です。

　子どもたちのノートの記述を見ると, 答えを出して終わりにするのではなく, なぜその答えになるのかを既習を生かして明らかにしていました。数学的な見方・考え方を働かせていたことがわかった場面です。

　そのため, 全体では簡単に答えを確認し, すぐに個別学習に入りました。

かけられる数が8のかけ算をつくろう。

---

②自分学習1 （原問題の解決）に取り組む

　自分学習1では, 8の段の九九の構成の仕方について考えました。方法, 形態, 順序を委ねていたため, 以下のように, 様々な子どもの学びの姿がありました。

■図に表したり, 分配法則で考えたりする。
■友だちと協働して考える。
■黒板を使って, 友だちと一緒にかきながら考える。
■交換法則を使って, できるところからつくる。

　次ページの板書は, そのような学びの軌跡の一部です。
　「Aさんは『なんで？』という問いをもって, アレイ図に表しているよ」などの言葉かけを全体にも聞こえるよう

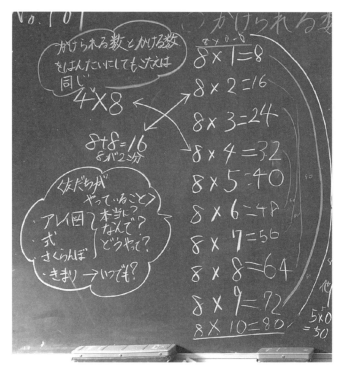

黒板を使って学んでいた子たちの学びの軌跡の一部

に行い，聞いている子どもの思考・判断・表現を引き出すようにもしました。その結果は，板書の左下のふきだしにも表れています。

　これまでの学びの積み重ねもあり，個別支援が必要な子どもはほとんどいませんでした。そこで，教室中を徹底的に歩き回り，発想の源を問うていきました。

　例えば，「8×4⇔4×8」と書いていた子どもとは，

第3章　算数授業と発問　105

次のようなやりとりになりました。

T　どうしてかけられる数とかける数をひっくり返そうと
　　思ったの？
C　だって，かけられる数とかける数は反対にしても答え
　　は同じでしょ？　前に学んでいることだし，これまで
　　に何回も使ってきたよ。

　このように，子どもたち一人ひとりが働かせた数学的な
見方・考え方を言語化・顕在化させることで，「算数を自
ら創っている感覚」を体得させていくことが大切です。

③自分学習２（原問題の発展）に取り組む

　自分学習２では，多くの子どもが８の段の九九を拡張し
ようとしていました。つまり，「かける数が10以上のかけ
算」の場合を発展的に考えていたわけです。

　ここでは，前項でも実践を紹介した「もしもかける数が
10以上だったら？（もしも…だったら？）」と発展的な考
えを促す問いを，自らに問うています。

　次ページの板書にある通り，「にじのきまり（８×１と
８×９のように，かける数をたすと10になる同じ段の九九
が２つあるとき，その段の数×10が２つの九九をたした答
えになるという，子どもが名づけたきまり）」を生かして，
発展させようとしている子どもがいました。

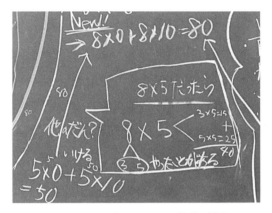

「にじのきまり」のさらなる発展の様子

T どうして8×0と8×10をたしてみようと思ったの？
C だって，8×1と8×9みたいに，かける数をたすと10になるときのきまりがあったでしょ？　だから，0と10のペアかなと思って。

　そこから対話はさらに弾み，5の段でも確かめることができました。発想の源を問うことで，学びがどんどんつながっていくわけです。
　他にも，9の段の九九の構成の仕方を考える子どもや，8の段を使った文章問題づくりを行う子どももいました。
　最後に，本時を振り返って自分なりのまとめを記述しました。多くの子どもたちの記述には「着目ポイント（数学的な見方・考え方のこと）が使えた！」とありました。

第3章　算数授業と発問　107

コラム

発問の失敗

　私が若いころ，「算数では『なんで？』と問うことが大切です」と何度もご指導いただきました。これは，今でも間違いないと思います。本章でも提案した「問うべき問い」の具体の中にも，「根拠を問う問い」があることからもおわかりいただけると思います。

　一方で，若いころの私は，「なんで？」と問うことに固執するあまり，授業を重くしてしまうことがたびたびありました。例えば，6年「分数のかけ算」での発問です。

　「なんで分数×分数の式を立てていいの？」
　「なんで分母同士，分子同士をかけていいの？」

　これらの発問の内容自体が悪いわけではありませんが，答えられる子どもは数名で，多くの子どもたちは沈黙してしまいました。わかっていないのに「いいです！」と言う多くの子どもたち。そして，「難しいからしょうがないか…」と納得する教師（当時の私）。

　当時の私は，形式的に「なんで？」と問うていただけでした。子どもの実態や学びの状況を見取ったうえで適切に問えていなかったのです。そして「何のために問うのか」ということをしっかり考えられていなかったのです。

　皆さんも，こういったご経験があるでしょうか。

第 4 章
算数授業と
子どもの問い

1 問いとは何か

①問いと算数を創ること

　両角（2008）は，算数的活動と問いとの関連について，以下のように述べています。

　　算数を育み，実感する算数的活動は，「問い」に始まり，「問い」によってさらなる加速をしていきます。その動きは，「問う」という行為の繰り返しにより，終わることのない発展的な活動となります。（中略）見方を変えれば，「問う」という行為そのものが，大切な算数的活動と言えますし，算数を子どもたち自らに創り出す活動とも言えます。（p.85，下線筆者）

　また，清水（2011）は，算数をつくる授業における問いについて，以下のように述べています。

　　問題解決を行いながら算数をつくる授業の導入では，「問い」が重要な役割を果たしている。（p.9）

　両者とも，算数を創る（つくる）うえで重要なものが問いであることを指摘しています。

　ここまでお読みいただいた皆さんも，おそらく同意いた

だけることでしょう。

②問いの定義

　算数科の授業における問いとは何でしょうか。

　語義から考えられる問いとは，「わからないこと，はっきりしないことを明らかにしようと求めること」です。

　篠原（1933）は，教授上の生徒の問いについて，３つに区分できるとしたうえで，次のように述べています。

　　夫れ等が共に，知識へのほんたうの欲求から起らねばならぬことは言ふ迄もない。(p.764)

　問いとは，子どもの学びの状況から起こるものであり，子どもの欲求に基づくものであると言えます。

　語義から考えられる問いや篠原の見解は，算数科の授業に限ったものではありません。

　岡本（2009，2014）は，「人間とは問う存在である」というボルノーの人間観を根底に据え，算数・数学科の授業における問いについて，以下のように規定しています。

　　問い：教師から与えられた何らかの数学的情報，数学的状況，及び展開中の学習活動の中から，子どもが自分の価値観，自分ならではの関心事，これまでの自分の体験，自分にとっての既有の知識などに基づいて自由奔放に発する疑問（p.17）

「問い」は個としての子どもから発せられるものであり，主観的で素朴な問いであることが多い。しかし，その中には，一般性の高い数学的な価値観や思考様式にかかわり，数学としての本質的な学習課題として追究の対象となり得るものが内在していることがある。(pp.41－42)

そして，尾﨑（2016）は，算数科の授業における問いについて，以下のように規定しています。

「問い」とは，課題や対象の中に「どうすればいいのかな」「なぜそうなるのかな」など自分のわからないところや，課題とのズレや，乗り越えることができない点を見いだすことである。(p.51)

これらの見解は，語義から考察した問いや篠原が述べた問いの本質にも合致しています。

以上を踏まえ，本書では，算数科の授業における問いを，以下のように捉えることとします。

> ■状況や対象から子どもが自ら見いだすもの。
> ■算数としての追究の対象となり得るもの。

第１，２章で検討してきた「数学的に表現した問題」「焦点化した問題」は，子どもの問いになることが望まし

いです。そして，第3章で検討した「教師の問うべき問い」も，学びを積み重ねていくうちに，子どもの問いとなっていきます。

【引用・参考文献】

・両角達男（2008）「算数学習における子どもの問い」（岡本光司・両角達男（編）『子どもの「問い」を軸とした算数学習』，pp.68－93，教育出版）

・清水美憲（2011）「算数をつくる子どもを育てるための授業改善」（『新しい算数研究』No.484，pp.8－11）

・篠原助市（1933）「『問』の本質と教育的意義」（日本教育学会教育学研究，2（7），pp.757－784）

・岡本光司（2014）「生徒の『問い』を軸とした数学授業観」（岡本光司・土屋史人編『生徒の「問い」を軸とした数学授業　人間形成のための数学教育をめざして』pp.8－58，明治図書）

・岡本光司（2014）「O.F.ボルノーの教育思想と算数・数学授業における『問い』」（全国数学教育学会誌数学教育学研究，第20巻第2号，pp.39－47）

・尾﨑正彦（2016）『アクティブ・ラーニングでつくる算数の授業』東洋館出版社

2 問いの役割と源

①問いの役割

　では，子どもにとっての問いの働きは何でしょうか。両角（2008）は，問いの役割について，以下のように述べています。

　　子どもたちの掲げた「問い」は，発想の原点です。また，数学的な思考を始めるきっかけであったり，思考の深化を促す役割も果たしています。(p.72)

と述べています。

　そして，岡本（2014）は，数学授業における子どもの問いの意義を5点あげる中で，意義の1つとして，以下のように述べています。

　　「問い」の追究は，子どもが主体的，創造的な学習に向かうための動因の一つになり得る。(p.39)

　一方，尾﨑（2016）は，問いが連続する過程の価値について，以下のように述べています。

　　1時間の算数授業の中で，「問い」が繰り返し生まれ

るような授業展開が必要である。「問い」を追求して
いく過程で，子どもたちは新たな「問い」を感じる。
その「問い」をさらに追求していく。すると，その過
程でまた別の「問い」に出合う…。このように「問
い」が連続する過程を通してこそ，学びは深化してい
く。(pp.51－52，下線筆者)

　両角，岡本は問いそのものの役割を，尾﨑は問いが連続
することの役割を述べています。
　これらの見解を踏まえて，本書では，子どもにとっての
問いの役割を，以下のように捉えることとします。これは，
問いが連続する過程でこその役割です。

> ■学びの出発点となる。
> ■思考が促され，子どもの学びが深まる。

②問いの源

　前項でも述べたように，子どもの問いは子どもの欲求に
基づきます。
　篠原（1933）は，問いの方面から見た教育の始点と終点
について，次のように述べています。

かりに問の方面から見た教育の始點と終點とを想定す
ると，其の始點は兒童の本來有する「問への衝動」で

あり，終點は，例へば彼の科學者に見るが如く，能く
自ら問ひ自ら答へ，求めて止まざるの境地に存する。
（p.773，下線筆者）

　関連して，杉山（2012）は，子どもが考える際の心理的
傾向について，以下のように述べています。

　新しい知識と，子どもがそれまでにもっている知識体
　系との間にズレが生じたとき，あるいは，二つの知識
　の間に矛盾が感じられるとき，人はこれを解決しない
　ではおれないものである。（中略）人は，知識のズレ
　や矛盾に気がついたときには，そのままでは放ってお
　けないという心理的傾向をもっている。（p.69）

　このうえで，問いに至る過程については，感情に動かさ
れて，問わざるを得ないという状態にまで高まることが大
切だとしています。
　また，清水（2011）は，新しい事柄をつくり出す契機に
ついて，以下のように述べています。

　子どもたちが問題に取り組む中で，新しいことがらを
　つくり出す契機は，デューイのいう「心的困難を感ず
　る状態」にある。既有の知識と新しい場面との間のギ
　ャップから生まれる不全感から始まって，新しい発見
　や工夫によってその不全感が解消するまで問題解決は

続くのである。（p.9）

　これらの見解の共通点から，問いの源を以下のように捉えることとします。

> 　自らの経験や既有の知識などから生まれる子どもの感情（知的好奇心や困り感など）

【引用・参考文献】
・両角達男（2008）「算数学習における子どもの問い」（岡本光司・両角達男（編）『子どもの「問い」を軸とした算数学習』，pp.68－93，教育出版）
・岡本光司（2014）「O.F. ボルノーの教育思想と算数・数学授業における『問い』（全国数学教育学会誌数学教育学研究，第20巻第２号，pp.39－47）
・尾﨑正彦（2016）『アクティブ・ラーニングでつくる算数の授業』東洋館出版社
・篠原助市（1933）「『問』の本質と教育的意義」（日本教育学会教育学研究，２（７），pp.757－784）
・杉山吉茂（2012）『確かな算数・数学教育をもとめて』東洋館出版社
・清水美憲（2011）「算数をつくる子どもを育てるための授業改善」（『新しい算数研究』No.484，pp.8－11）

3 子ども自らが「問うべき問い」を 問うことができるように

①教師の発問と場の設定

「問うべき問い」を子ども自身が問うことができるようになることは，算数を創ることにつながっていきます。

篠原（1933）は，教師の問いと生徒の問いとの関係について，以下のように述べています。

教師の問は生徒の問への刺戟であり，生徒の問を誘發する爲の問である。一言に生徒の問の爲の問である。（p.777）

杉山（2012）も，同様のことを述べています。また中村（1997）も，子どもの問いを生起させるための方策として，発問及び仲間との相互啓発をあげています。

一方，杉山（2008）は，考える力の育成について，場の設定の重要性を述べています。中村（1997）も，問いの生起と問題提示の関連を述べています。

以上の見解から，手立てとして，以下の2点をあげることができます。

■教師自身が「問うべき問い」を問い続けること
■教師の適切な問題提示

② 「答えが出てからが本当のスタート」というマインド

　算数教育では，「答えが出てからが本当の算数」と言われます。答えを出した後も自らの問いをもって追究するということです。まさに，算数を創る子どもの姿です。

　私は，「答えが出てからが本当のスタート」というマインド（学びに向かう姿勢）を子どもと共有しています。このマインドを具体化したものが，以下のような「問うべき問い」です。

> ■本当に？（確かめ・批判的思考）
>
> ■どうやって？（方法）
>
> ■なんで？（根拠）
>
> ■例えば？（具体）
>
> ■他にないかな？（多様な考え及び翻訳）
>
> ■比べてみると？（既習と未習・違い・共通点）
>
> ■もしも…だったら？（発展）
>
> ■着目ポイントは？（数学的な見方）

【引用・参考文献】
・篠原助市（1933）「『問』の本質と教育的意義」（日本教育学会教育学研究，2（7），pp.757－784）
・杉山吉茂（2012）『確かな算数・数学教育をもとめて』東洋館出版社
・中村享史（1997）「『なぜ』『どこまで』の問いを大切にする」（『教育科学　算数教育』No.500，pp.14－17）
・杉山吉茂（2008）『初等科数学科教育学序説』東洋館出版社

第4章　算数授業と子どもの問い　119

4 教師の
　　「メタ的な『問うべき問い』」

①教師のメタ的な「問うべき問い」とは

　中村（1988）は，問いについて，以下のように述べています。

> 「問い」とは，教師が子どもに発する発問から始まり，子ども同士の意見交換，そして，子どもが自らに問うことに発展する活動である。(p.10)

　前項でも述べたように，子どもが「問うべき問い」を問うことができるようになるためには，教師が「問うべき問い」を問い続けることが肝要です。

　一方，子ども自らが「問うべき問い」を問う価値を実感しない限り，本当の意味で自ら問うことができるようにはなりません。つまり，子どもも「問うべき問い」を問い続ける必要があります。「問わせる」のではなく，「自ら問う」という意味です。

　これを引き出すものが，教師の「メタ的な『問うべき問い』」です。

　例えば，子どもに「（あるきまりに対して）いつでも言えるのか？」という「一般性を問う問い」を生起させようとする際，教師はどのような発問をするでしょうか。次の

120

場面をご覧ください。

多角形	三角形	四角形	五角形	六角形
内角の和	180°	360°	540°	720°

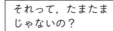

一般性を問う問いを引き出す教師の発問

　ある発見されたきまりに対して，「たまたまじゃないの？」と問い返すことで，「たまたまではないよ！　いつでも言えるんじゃないかな？」という子どもの「一般性を問う問い」が生起されます。

　さらに，「たまたまではないとするためには，どうしたらよいのかな？」という「方法や根拠を問う問い」も生起する姿が期待できます。

　このように，子どもの「問うべき問い」がきちんと問われるために，教師が何を問わなければならないのか，というのが，教師の「メタ的な『問うべき問い』」です。

第4章　算数授業と子どもの問い　121

②心動かされる場面から

　教師の「メタ的な『問うべき問い』」を問うには，やはり場の設定が必要です。

　細水（2001）は，考える楽しさを味わう算数授業の設計として5点あげていますが，その中の「心動かされる場がある」ことに注目します。

　細水は，「あっ！」「えっ！」「あっ，そうか！」「なるほど！」といった場面を「心動かされる場面」と呼んでいます。そして，情意面にも深く関わり，算数のよさや楽しさを味わっていくうえで大きく影響しているとしています。その理由は，「心動かされる場面」がきっかけとなり，数学的な考え方が引き出されてくるからということです。

　そのうえで，「心動かされる場面」として，「矛盾のある場面『あれっ，変だぞ！』⇒『はっきりさせよう！』」などの9つの場面を示しています（p.50）。

　さらに細水（2018）は，上記の9つの場面に，「追究の方向が見えた場面『だったら』⇒『どこまで成り立つのかな？』」などの7つの場面をつけ加えています（p.2）。

　本書では，「問い」の源を「子どもの感情」としており，教師が授業の目標を達成させるための適切な場を設定することで子どもの「問うべき問い」を生起させるとしています。

　そこで，細水（2001，2018）の「心動かされる場面」を基に，教師の「メタ的な『問うべき問い』」を帰納的に捉えたものの一部が次ページにあります（詳しくは，右下の

QRコードをご覧ください)。

子どもの感情	教師の「メタ的な『問うべき問い』」	子どもの「問うべき問い」
ごちゃごちゃしているな	だったら？	すっきりさせられないかな？（①方法）
できない！	本当に？絶対に？	なぜだろう？（②根拠）

生起された「問うべき問い」は例であり，そこからさらに生起される「問うべき問い」もあります。

【引用・参考文献】
・中村享史（1988）「問い続ける子どもたち」（算数授業研究会（編）『算数科・授業のすすめ 問い続ける子どもたち』pp.9 - 14, 東洋館出版社）
・細水保宏（2001）『考える楽しさを味わう 「できる」「わかる」から「味わう」算数授業へ』東洋館出版社
・細水保宏（2018）「豊かな『着眼力』を育む授業づくり」（研数学館第140回配付資料）

5 教師の 「メタ的な 『問うべき問い』」の具体

①４つの問い

　細水（2001，2018）の「心動かされる場面」を基に，帰納的に捉えた教師の「メタ的な『問うべき問い』」を前項でいくつかあげましたが，特に重要と考えられるものを，以下に４つあげます。

1　「えっ？」「本当に？」「絶対に？」
2　「たまたまじゃないの？」
3　「つまり？」
4　「だったら？」

　これらもあくまで例ですが，子どもが事象や問題と関わる中で生まれる気づきや気持ちを踏まえて，このように問い返すことで，子どもの「問うべき問い」が生起されることが期待できます。

②もう１つの問い

　皆さんは，「この子の気持ちがわかるかな？」という問い返しをしたことがあるでしょうか。この問いについて，田中（2004）は，次のように述べています。

「この子の気持ちがわかるかな」という問いかけは
「気持ち」を尋ねるのである。だから算数としての内
容の吟味だけではなく，そのように考えた背景，子ど
もの心情まで考えるようになる。(p.23)

　田中の示唆とあわせて，子どもの気持ちを踏まえて問う
という視点で言えば，「この子の気持ちがわかるかな？」
という問いも，教師の「メタ的な『問うべき問い』」にな
るのです。
　一方，杉山（2012）は，子どもの「問うべき問い」につ
いて，以下のように述べています。

　これらの問いを知識として問うというのではなく，情
緒としてそうなっているべきだと考える。（中略）問
わざるをえないという状態にまで高まることが大切だ
と考える。(p.78)

　これは問いを軸に授業をするなら大きな示唆となります。
最終的には子ども自ら「メタ的な『問うべき問い』」と
「問うべき問い」を問えるようになることが目標です。

【引用・参考文献】
・田中博史「田中博史が提案するクラスの子どもの笑顔が増える7
　つのお話」（『算数授業研究』No.35，pp.22-24)
・杉山吉茂(2012)『確かな算数・数学教育をもとめて』東洋館出版社

第4章　算数授業と子どもの問い　125

教師のメタ的な「問うべき問い」の実践①

「えっ？」「本当に？」「絶対に？」

(2年／分数)

1　授業の概要

本時は，四半分にした大きさを「四分の一」といい，$\frac{1}{4}$と書くことなどを理解する時間です。分数の単元の第2時にあたります。

前時の$\frac{1}{2}$に続き，長方形と正方形の紙を使った具体物の操作を通して，$\frac{1}{4}$や$\frac{1}{8}$などの大きさをつくることや$\frac{1}{2}$，$\frac{1}{4}$，$\frac{1}{8}$などの数を分数と呼ぶことを指導します。

長方形や正方形の紙を使った操作活動を行っていると，右のように，複数の折り方が出てきます。

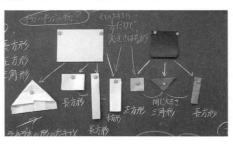

その際に，「えっ？」「本当に？」「絶対に？」という教師の「メタ的な『問うべき問い』」を返すことを通して，子どもの「問うべき問い」を引き出していきます。

2 子どもの「問うべき問い」を生むポイント

①「本当に？」と問い返し,方法を問う問いを引き出す

例えば,長方形を右のように折ったことを発表した子どもがいたとします。その際に,間違いなく「いや,他にも折り方

があるよ！」という子どもが出てきます。それに対して,「本当に？」と問い返せば,他の折り方を説明する姿が期待できます。

自分の方法を見直し,他の方法も試してみるきっかけになります。つまり,「方法を問う問い」を引き出すことになるのです。

②誤答を用いて子どもの「えっ？」から「だって…」という根拠を引き出す

中には,$\frac{1}{4}$になっていない折り方をする子どももいます。子どもの代わりに教師が誤答を提示すれば,「えっ？」と問い返す子どもが必ずいます。「どうして『えっ？』って言ったの？」とさらに問い返せば,「だって…」と理由を説明する姿が期待できます。

この理由を説明する姿は,「なんで？」といった「根拠を問う問い」を追究している証なのです。

第4章 算数授業と子どもの問い 127

3　授業展開

①活動から数学的に表現した問題を共有する

半分の半分の大きさをつくりましょう。

　導入で，上述のように指示しました。

　すると，子どもたちは以下のように発言しました。

C　何を半分の半分にするの？

C　昨日は正方形を折ったから，今日も正方形？

C　正方形だけじゃなくて，長方形や三角形でもやってみようよ！

C　正方形なら正方形になるかな？

　そこで，「長方形や正方形の紙を使って，半分の半分の大きさをつくると，どんな形になるでしょう？」という数学的に表現した問題を共有しました。

②いくつかの折り方があることを明らかにする

　「長方形の紙で折る」「正方形の紙で折る」「どちらの紙でも折ってみる」の3通りの方法が出てきました。

　ある程度試したところで，ある子どもに折り方を発表してもらいました。

128

C1　ぼくは，長方形の紙を横に半分の半分に折ったよ。半分の半分の大きさの形は長方形になったよ。

C2　私は違う折り方で半分の半分をつくったよ。形は同じ長方形だけど。

T　本当に？

C3　長方形だけでも他に2つあったよ。1つ目は，細長い長方形になったの。こうやって…。

　C3に説明をしてもらった後，全体で同じように長方形の紙を折ってみました。「他にはないかな？」という「方法を問う問い」を追究したのです。

　途中，右のような折り方をこちらから提示しました。これは，明らかに誤答です。しかしながら，こういった誤答をする子どもは，この

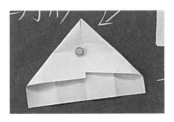

時間に限らず存在します。誤答を誤答のままにせず，「何が問題なのか？」と考えることも，算数科の授業においては大切です。

　提示後すぐさま子どもたちから，「えっ？」と問い返されました。

T　どうして「えっ？」って言ったの？

C　だって，その折り方だと半分の半分になってないよ。折ってできる一つひとつの形の大きさが違うよ。

第4章　算数授業と子どもの問い　129

C そうそう！ それぞれの大きさが同じにならないとだめだよ！ 昨日もそうしたじゃん。

　このように，子どもの誤答を生かして教師がしかけることで，子どもの「えっ？」を引き出します。これにさらに問い返すことによって，「だって…」と理由を説明していったのです。子どもは言葉にはしていませんが，「なんで？」といった「根拠を問う問い」を追究している証なのです。

　だから，「なるほど，そういう理由だからだね！ よくわかったよ」と，根拠を明らかにしたことを価値づけました。このように，問いをもって追究している姿を，何度も何度も価値づけることが大切です。

　正方形の紙についても，同様に大きさと形を確認していきました。

③さらに活動を発展させる
C　先生，これってもっと折れるんじゃない？

　このように言った子どもの発言を取り上げ，さらに「半分の半分の半分」と「半分の半分の半分の半分」の大きさについて考えました。

　上述の子どもの発言は，「発展的な考えを促す問い」を問うている姿です。このように，子どもが自ら「問うべき問い」を問うことができるようにするためには，本章第3

項で述べた2つの手立ての他にも，次の2つのポイントがあります。

---

1 活動にじっくり取り組む時間を確保する。
2 普段から「様々な素朴な問いを表現してもよい」という雰囲気づくりをしておく。

2つ目のポイントは，第1章第4項で取り上げた「心理的安全性」の確保です。

4　授業の板書

以下が授業終了時の板書です。

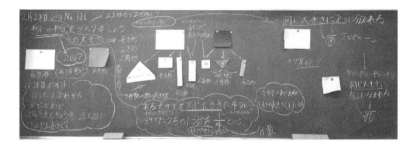

子どもの問いをきちんと書き残し，そのような板書のデータを蓄積していくこと（私はクラウド上で子どもたちと共有しています）も，子どもたちの問う力の育成につながります。

教師のメタ的な「問うべき問い」の実践②

「たまたまじゃないの？」

（3年／三角形と角）

1　授業の概要

　本時は，二等辺三角形や正三角形の角の特徴を理解する時間です。

　二等辺三角形は2つの角の大きさが等しい，正三角形は3つの角の大きさが等しいという性質について，二等辺三角形や正三角形を観察したり，実際に紙を切り抜いてつくった三角形を折ってみたりするなどの活動を通して確かめていきます。

　その際には，帰納的に理解できるようにします。少数の事例のみで確かめるのではなく，異なる長さの辺をもつ二等辺三角形や正三角形をたくさんつくり，一般化を図ろうとすることが大切です。

　「いつでも言えるのでは？」と一般性を問う子どもの「問うべき問い」を引き出すために，「たまたまじゃないの？」という教師の「メタ的な『問うべき問い』」を投げかけます。これにより，子どもたちは角の大きさの相等にも着目し，図形をより深く理解できます。

132

2　子どもの「問うべき問い」を生むポイント

①子どもの見いだした性質に対して，「たまたまじゃない の？」と問い返す

　辺の長さの相等から，二等辺三角形と正三角形の角の相等について類推的に考える子どもが多いと予想されます。

　そこで「確かめてみよう！」と投げかけてしまえば，子どもたちは問いをもたずに活動に取り組んでしまう可能性があります。子どもの見いだした性質に，「たまたまじゃないの？」と問い返すことで，「確かに…。いつでも言えるのかな？」という子どもの「問うべき問い」を生みたいのです。この問いが，子ども自身の「確かめてみよう！」という追究の源になるのです。

②うまくいかなかった事例についても意図的に問い返す

　異なる大きさの二等辺三角形や正三角形をたくさんつくっていく中で，２つの角や３つの角の大きさが等しくならない三角形も出てきます。

　そこで，「どうしてうまくいかなかったんだろうね？」と問い返すことで，作図のズレや切り抜く際のズレがあったであろうことを明らかにします。

　一般化を図る際には，うまくいかなかった事例をそのままにせず，うまくいかなかった理由を考えることも大切です。

第4章　算数授業と子どもの問い　133

3 授業展開

①数学の事象から焦点化した問題を生む

導入では，下の板書のように，本単元で学んできた二等辺三角形と正三角形の定義について確認しました。

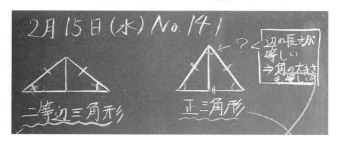

その中で，以下のようなやりとりが行われました。

C1　辺の長さが等しいってことは，角もそうなんじゃないかな？

T　　どういうこと？

C1　例えば，二等辺三角形だったら，左と右の辺の長さが等しいから，左と右の角も等しいんじゃないかなってことだよ。

C2　正三角形だったら，3つの角すべてが等しいってことだよね。

そこで，次ページの板書のように，角の大きさという言葉の意味を確認したうえで，2つの三角形の性質を板書しました。

134

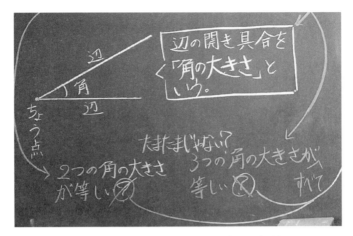

確認した言葉の意味と2つの三角形の性質

「見た感じ,絶対そうだよね！」と子どもたちが盛り上がっている中で,「それってたまたまじゃないの？」と,問い返しました。

T でも,それってたまたまじゃないの？
C いやいや,たまたまじゃないよ,先生！
C だって,前の時間にかいた三角形とか,はじめに見たいくつかの三角形とかもそれっぽかったじゃん！
C 絶対にどんな二等辺三角形や正三角形でもそうだよ！
T いつでも言えそうってこと？
C そう,いつでも言えるよ！
C でも,本当にいつでも言えるのかな？　確かめてみようよ！

最後の「本当にいつでも言えるのかな？　確かめてみようよ！」という発言を，そのまま本時の焦点化した問題としました。このような発言は，揺さぶるように問い返すからこそ生まれるものです。「確かに言われてみればそうかも。確かめてみたい！」という気持ちを生むことで，問題意識を明確にしていくのです。

②様々に作成された三角形から，帰納的に角の性質を確かめる

　長さの設定を子どもに委ねることで，たくさんの事例を生むことができます。下の板書のように，きちんと角の大きさが等しかったことを確認することが大切です。

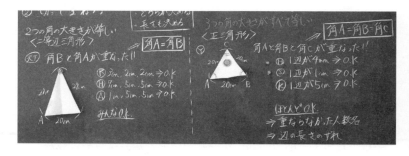

　そのような中，上の板書にもあるように，「角が重ならず，角の大きさが等しくない正三角形」が出てきました。そこで，「どうして重ならなかったんだろうね？」と問い返しました。

C　正三角形をつくったときに辺の長さがずれたんじゃな

いかな？
C 切るときにうまく切れなかった！
T なるほど！ だったら，この重ならなかったものは例外？
C うん，例外でいいと思う。他のはうまくいっているから。

このように，うまくいかなかった理由を明らかにすることで，正三角形の意味や角の性質をより深く理解できたと考えます。

4 授業の板書

以下が授業終了時の板書です。

本来は扱いませんが，すべての辺の長さが違う三角形の角の大きさにまで話が発展しました。これにより，より二等辺三角形と正三角形の角の性質がはっきりしました。子どもの問いってすてきですね！

第4章 算数授業と子どもの問い 137

教師のメタ的な「問うべき問い」の実践③

「つまり？」「だったら？」

（5年／図形の角）

1　授業の概要

　本時は，四角形の四つの角の大きさの和（内角の和）について演繹的に考える時間です。「算数を創る」を実現しやすい時間でもあります。

　四角形の内角の和は，三角形の3つの角の大きさの和が180°であることを基にして考えることができます。このように，すでに正しいことが明らかになっている事柄を基にして別の新しい事柄を説明していくことが，演繹的に考えるということです。

　この授業では，「だったら？」とメタ的に問う状況が多く生まれます。子どもの感情に応じて問い返し，子どもの方法を問う問いが生まれるようにします。

　さらに，考えを練り上げる際には，「つまり？」とメタ的に問い返し，多様な考えの共通点や先の学習とのつながりを見いだすことができるようにします。

2 子どもの「問うべき問い」を生むポイント

①適切な場面で「だったら？」と問い返す

　焦点化した問題を設定したり，見えないもの（四角形の中にある三角形）が見えたりする場面など，「だったら？」と問い返すとよい場面が多く見られます。

　子ども一人ひとりの感情を見極めて問い返し，子どもの「問うべき問い」を生みましょう。

②「つまり？」と問い返して，統合的な考えを促す問いを生む

　演繹的に考えることができていれば，すべて三角形にしているという共通のアイデアが明らかになりやすいです。そこで，「五角形だったらどうかな？」と問い返し，その先を少し想像させた後に「つまり？」と問い返せば，多角形の内角の和の求め方を統合的に考えることができます。

3 授業展開

①前時との違いから焦点化した問題を生む

　四角形の４つの角の大きさの和は，何度ですか。

C　今日は，四角形だね。

第４章　算数授業と子どもの問い　139

C 昨日は三角形だったもんね。
T だったら,今日のめあて(問い)は?
C 四角形の4つの角の大きさの和の求め方は?

　前時との違いを話題にすることで,本時の焦点化した問題を設定しやすくなります。子どもの問いを大切にしていれば,数学的に表現した問題を提示した時点で,様々なつぶやきが生まれます。そのつぶやきに「だったら?」と問い返すことで,自然と焦点化した問題を設定することができるようにもなります。

②**多様な考えを練り上げる**

　本時で子どもが考えた解決方法は以下の通りです。

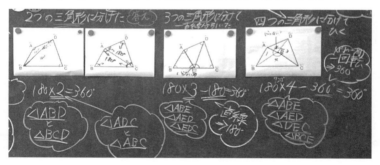

以下は,考えが出そろった後のやりとりです。

C 全部同じところがあるよ!
C そうそう,すべて三角形にしてあるよね!
T だったら,五角形ならどうなりそう?

C　五角形でも同じでしょ。三角形に分けることができるもん！
C　たぶん何角形になっても同じだよ。確かめてないけどね。
T　つまり，多角形の内角の和の求め方は？
C　三角形をつくって考える，だね。

　他の多角形の内角の和について考えること自体は，次時に扱うこととしました。
　しかしながら，先とのつながりを想起させつつ，「きっと，どんな多角形も三角形を基に考えれば内角の和を求めることができる」という見通しをもつことができるようにすることは，系統性の強い算数だからこそ重要です。

4　ある子どものノートから

 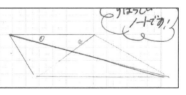

　上のノートは，教師が提示した四角形とは違う四角形を自らかいて考えていた様子です。このように，子どもが自ら「問うべき問い」を問うことができるようにするためには，普段の教師の在り方が大切だと改めて実感しました。

教師のメタ的な「問うべき問い」の実践④

「この子の気持ちがわかるかな？」

（4年／簡単な場合についての割合）

1 授業の概要

　本時は，差による比較の他に，倍を使っても比較できることを理解する時間です。現行の学習指導要領改訂の際に，第4学年に新たに位置づけられた題材です。

　扱う教材は，ゴムです。「比例関係が内在している」，かつ「同種の量の割合」の教材です。割合を考えるとき，この2つの条件があることにより，子どもにとっての難しさは軽減されると言われています。

　とはいえ，割合の学習は子どもにとって非常に難しいものです。だからこそ「この子の気持ちがわかるかな？」と問い返し，そう考えた背景や子どもの心情に寄り添って検討していくことで，子どもたちの数理を引き出します。

2 子どもの「問うべき問い」を生むポイント

①気持ちを問うことで，共感から数理を引き出す

　気持ちを問うということは，「その子の立場になって考

える」こととほぼ同義です。だからこそ，その子に寄り添って共感的に考えるようになります。

　そこから，子どもたちの数理を引き出すことは教師の腕の見せ所でもあります。

3　授業展開

①日常生活の事象から数学的に表現した問題を設定する

　導入では，ＡとＢ２種類のゴムを提示し，それぞれ引っ張りました。

Ｃ　ビヨーン！
Ｃ　めっちゃ伸びるね！
Ｃ　なんかＢの方がよく伸びてない？
Ｔ　どちらがよく伸びるゴムだと言えますか？

　ここで「長さがわからないと考えられない」という意見が出たため，それぞれのゴムの長さ（Ａ：10㎝→30㎝，Ｂ：40㎝→80㎝）も提示しました。これが，本時の数学的に表現した問題です。

　その際，次のようなやりとりが行われました。

Ｃ　先生，それ不公平だよ。
Ｔ　「不公平」と言った○○さんの気持ちがわかるかな？
Ｃ　（全体の半分以上の子どもが挙手）

第４章　算数授業と子どもの問い　143

C　だって,元の長さが違うじゃん。
C　そうそう！　10cmと40cmじゃあ不公平だよ。
C　不公平にしないために,そろえればいいんじゃない？

　直感的に捉えているゴムの伸び具合の違和感を,「『不公平』と言った○○さんの気持ちがわかるかな？」と問い返すことで言語化しました。
　そして,やりとりの中で「そろえる」というキーワードが出てきました。比較する際に大切な数学的な見方・考え方が働いたと言えるでしょう。

②**焦点化した問題を解決し,全体で話し合う**

　焦点化した問題は「ゴムの伸び具合はどう比べるの？」となり,自ら考える時間を取りました。

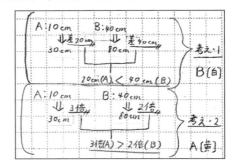

　右は,ある子どもの解決の様子の一部です。全体での話し合いも,この考えが基になって行われていきました。
　中でも,図の解釈の場面を取り上げます。

T　1,2,3って書いた人の気持ちがわかるかな？（次ページ板書写真参照）

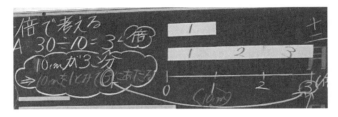

C わかるよ。ぼくも同じように考えたよ！
C だって,伸びる前10cmのゴムを１と見たら,30cmはそれが３個分ってことでしょ？
C ３個分は３倍ってこと！ だから,Aのゴムは３倍伸びるゴムって言いたかったんじゃない？

「なぜ３倍伸びると言えるのかな？」と根拠を直接問うよりも,「１,２,３って書いた人の気持ちがわかるかな？」と気持ちを問うことで,「だって…」という形で自然に根拠が引き出されることもあります（これは,教材に依存する部分もあるでしょう）。

4 「問うべき問い」と数学的な見方・考え方

子どもの「問うべき問い」と数学的な見方・考え方の関連はやはり深いです。ここまでお読みになった読者の方なら,改めてそう感じられていることでしょう。
詳しくは,次章にて解説していきます。

第４章 算数授業と子どもの問い 145

コラム

子どもの問いにこだわり過ぎた失敗

　若いころ，「めあては子どもの問いになるように」と何度もご指導いただきました。これは授業の前提条件と言っても過言ではなく，今でも大切にしていることの1つです。

　しかしながら，若いころの私はこれにこだわり過ぎるあまり，不毛なやりとりを繰り返していました。

　5年「小数のかけ算」の授業の1コマです。文章問題から導き出された式は，「60×2.4」でした。私の教材研究ノートに書かれていた本時のめあては，「整数×小数の計算の仕方を考えよう」でした。

　子どもたちに，「今日のめあては？」と問うと，以下のような返答がありました。

C　60×2.4の計算の仕方を考えよう。

C　小数のかけ算の仕方を考えよう。

C　かける数が小数の計算の仕方を考えよう。

　3つとも子どもの素直な言葉です。これらを本時のめあてにしても，その後の展開を工夫すればなんら問題はありません。しかしながら，当時の私は「他には？」と問い返し，「教師の正解のめあて文探し」をさせてしまっていたのです。ここには，そもそも「子どもの問いとは？」という問いすらなかったと反省しています。

第 5 章

問題提示×発問
＝子どもの問い
子どもの問いで創る算数授業

1 問題提示×発問 ＝子どもが算数を創る授業

① 「問うべき問い」を問うことと数学的な見方・考え方

　第1章第3項でも少し触れましたが，「問うべき問い」を問うことと数学的な見方・考え方の関連は，やはり深いです。これまでの検討から，以下のサイクルを見いだすことができます。

　1　問うべき問いを問うことで，数学的な見方・考え方が働く。

　2　働いた数学的な見方・考え方が価値づけられ，そのよさを子どもが実感する。

　3　その数学的な見方・考え方と関連のある「問うべき問い」を問う態度が養われる。

　清水（2018）が，以下のように述べていることからも，妥当なサイクルと言えます。

　数学的に価値ある問いが問えるようになるためには，児童は数学のメガネをかけて（つまり，「数学的な見方・考え方」を身につけて），そのメガネで身の回りの事象や算数の事象を捉えることが必要である。(p.18)

このようなサイクルが繰り返されることで,子どもの問いで創る算数の授業,つまり「算数を創る」授業となっていくということです。

②**関連モデル図**
　次のような,「問うべき問い」を問うことと数学的な見方・考え方との関連モデル図を提案します。

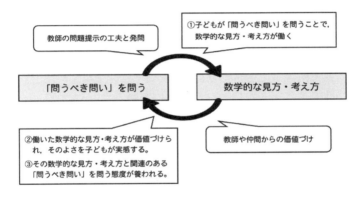

　子どもが自ら「問うべき問い」を問うことができるようになればなるほど,教師の問題提示の工夫と発問は減っていくことでしょう。

【引用・参考文献】
・清水美憲（2018）「算数を統合的・発展的に創る」（『新しい算数研究』No.565,pp.86－88）

2 子どもの問いを生かす板書

①子どもの問いと板書

清水（2017）は，子どもの遂行する数学的活動と数学的な見方・考え方について，以下のように述べています。

「見方・考え方」は，学習のプロセスに着目しないと顕在化してこないので，問題解決の過程で現れる考え方や着眼点に焦点を当てる話し合いの在り方や板書の仕方を工夫しなければならないであろう。（pp.52－53，下線筆者）

数学的活動は，算数を創る活動でもあります。算数を創るには，子どもの問いが必要不可欠です。そして，子どもの問いを生かすためには，板書の工夫が大切になります。

１人１台端末を活用する時代になりましたが，板書の工夫はまだまだ大切です。

②板書の意義と効果

板書の意義や効果については，二宮（2010）や夏坂（2012）ら様々な研究者・実践者が研究してきています。これらの先行研究を踏まえると，板書の意義は次のようにまとめることができます。

■子どもの思考過程を反映し，共有し，整理する場に
なる。
■学びの結果や過程を振り返る場になる。
■新たな問いや発見をする場になる。

そして，板書の効果は以下の通りです。

■子どもの議論を活性化させるきっかけになる。
■子どもの理解を確かなものにする。

③3つの板書の型

　本書における板書の工夫とは，数学的な見方・考え方を
明確にし，共有することです。それを実現するために，以
下の3つのことを意識しています。

1　子どものつぶやきや発言をふきだしで残す。
2　数学的な見方・考え方を黄や赤で示す。
3　関連の深い数学的な見方・考え方や内容を，矢印
　などで結びつける。

　あわせて，私が基本としている3つの板書の型を紹介し
ます。この3つ以外に，時折「半々型（PCの画面と黒
板）」も使っています。

第5章　問題提示×発問＝子どもの問い　151

時系列型板書

縦を３分割にして時系列に沿って書く板書は，算数授業の基本の形でしょう。下の例は，６年「拡大図と縮図」の単元導入の授業の板書です。

左右対比型板書

真ん中から板書を始め，左右に既習と未習を意図的に配置して対比させていく板書です。下の例は，３年「わり算」の単元導入の授業の板書です。

前面型板書

黒板全体を使って，中央から周囲へ，周囲から中央へと意識して板書しています。次ページの例は，２年「大きな

数」の授業の板書です。

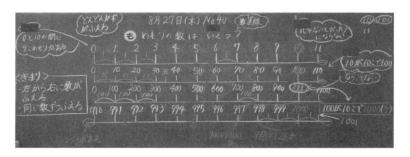

近年「学び方を学ぶ」ことの重要性も叫ばれています。板書で本時の数学的活動を振り返ることによって、学び方も身につけることができます。

【引用・参考文献】
・清水美憲（2017）「数学的活動の『数学』の意味を問い直す　なぜ算数科で『数学的活動』なのか」（『算数授業研究』No.113, pp.4 - 5）
・二宮裕之（2010）「板書とノート指導を中心に」（日本数学教育学会誌算数教育92（12）, pp.38 - 39）
・夏坂哲志（2012）『夏坂哲志の板書で輝く算数授業　教師の表現力を育てよう！』文溪堂

3 子どもの問いを生かす
1人1台端末の活用

①算数と1人1台端末活用の課題

　GIGA スクール構想が始まって5年,「NEXT GIGA」という言葉も聞かれるようになってきました。1人1台端末の活用について一定の成果はあるものの,教師主導で子どもが1人1台端末を使うなど,現場ではまだまだ課題が多く見られます。

　また,算数科の授業に目を向けてみると,他教科等（国語科を除く）と比較して,端末活用頻度が低い傾向にあるという調査結果もあります。

　つまり,特に算数科の授業において,1人1台端末の効果的な活用（端末の文房具化）はあまり進んでいないと言えます。

　本項の詳しい内容や具体的な活用の在り方については,拙著『1人1台端末フル活用！　新4大アプリで算数授業づくり―Canva・Kahoot!・Padlet・Minecraft Education―』（2024,東洋館出版社）をご覧ください。

②1人1台端末活用の基本

　算数科に限らずではありますが,1人1台端末を活用する際の基本は次の通りです。

> ■端末をある程度自由に活用できるようにする。
> ■活用の選択は，子どもが意思決定する。
> ■クラウド機能を生かす。
> ■デジタルとアナログで両輪とする。

　端末の文房具化を図るには，端末の基本的な使い方や各種アプリなどの活用法に慣れる機会を設定する必要があります。「手段の目的化」と揶揄されることもありますが，このフェーズは間違いなく必要です。だから，様々な教科等で，生活の中で，少しずつ活用することが大切です。

　トライアル＆エラーの精神で，子どもたちと共に活用していけば，子どもたちは我々教員の想像を超えたすばらしい使い方をしていきます。

③数学的な見方・考え方と端末の活用

　これまでも何度も述べてきた通り，算数の本質は「算数を創る」ことです。そのカギとなるものが，数学的な見方・考え方です。

　つまり，算数科の授業で１人１台端末を活用するとなると，「数学的な見方・考え方を働かせ，豊かにする」という視点で活用できるようにすることが大切です。

　次ページの写真は，３年「重さの単位とはかり方」の授業の板書です。前項で少し紹介した「半々型板書」でもあります。

この時間では，Canvaというアプリの共同編集，相互参照，相互評価といった機能を生かして授業を行いました。
　共同編集とは，子どもたちが同じデータを同時に編集できる機能です。
　相互参照とは，子ども同士で互いの考えを見合うことができる機能です。
　相互評価とは，子どもたちの考えに対して，互いにフィードバックができる機能です。
　どの機能も，クラウド上にデータがあるからこそ生かすことができます。1人1台端末を活用する際の基本でも少し述べましたが，クラウド機能を算数の学習活動に適切に位置づけることが肝要です。
　子どもたち一人ひとりが単位カードを動かしながら，それぞれの量の単位の関係について考えました。

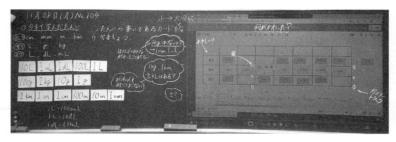

Canvaを活用した授業の板書

　少し時間が足りず，次の時間に持ち越しとなってしまった部分もあります。しかしながら，デジタルで何度も試行錯誤する中で，既習の長さや重さ，かさについての単位と

その接頭語に着目（数学的な見方）して考えることができました。

ここで、「それって、アナログでもできるんじゃない？」と思った方もいらっしゃることでしょう。

そうです、アナログでもできます。ただ、デジタルを活用した方が、準備は圧倒的に時短できます。また、相互参照、相互評価機能があるため、互いに見合って座ったまま問いの投げかけや対話ができるのです。

このように、数学的な見方・考え方を視点に活用できるようにしていきましょう。

なお、最近では生成 AI の活用も話題にあがっています。算数の授業においては、特に「D　データの活用」領域との相性が抜群です。この話題については、拙稿「データの活用領域でこそ生成 AI の活用を—第 3 学年『棒グラフと表』の授業実践から—」（『新しい算数研究』2024年12月号、東洋館出版社）をご覧ください。

【引用・参考文献】
・天野翔太（2024）『1 人 1 台端末フル活用！　新 4 大アプリで算数授業づくり— Canva・Kahoot!・Padlet・Minecraft Education —』東洋館出版社

問題提示×発問の実践①

きまりを仕組む
×
「たまたまじゃないの？」

（6年／分数のかけ算とわり算）

1 授業の概要

　本時は，分数のかけ算の活用として位置づいている時間です。ある分数のかけ算とひき算の答えに見いだされるきまりを追究することで，分数の計算に対する見方を広げることがねらいです。

　この分数のかけ算と分数のひき算の計算の答えに見いだされるきまりとは，「2つの分数の分母の差が両方の分子の数と等しければ，分数のかけ算とひき算の答えが等しくなる」というものです。

　計算を構成する2つの分数の分母と分子の依存関係に着目し，その関係を明らかにしようとする数学的な見方・考え方を働かせることになります。

　このときに，子どもの「問うべき問い」を生む，教師の「メタ的な『問うべき問い』」が「たまたまじゃないの？」です。きまりとの相性は抜群です。

2　問題提示と発問のポイント

①数あそびから生まれた計算からきまりを見いだす

> 1　分子が1で，分母が1〜10までの10個の分数から
>   1つの分数を選ぶ。
> 2　席の隣同士で，分母が隣り合う数の分数（例えば，
> $\frac{1}{2}$と$\frac{1}{3}$）を選んでいれば勝ち（成功）。

　上のようなルールでペアで行った数あそびの勝者の数
（分子が1で，分母が隣り合う数の2つの分数）を使って，
分数のかけ算とひき算の計算を出します。かけ算もひき算
も計算すると答えが同じになることに，子どもたちは「え
っ？」と驚くことでしょう。

　他の数値でも確認すると，「これ，絶対いつも同じにな
るよ！」などの発言が期待できます。

②「たまたまじゃないの？」の問い返しから一般化へ

　上述のような子どもの発言に対して，「たまたまじゃな
いの？」と問い返すと，「たまたまじゃない派」と「たま
たまかも派」に分かれます。

　どちらの立場からでも，帰納的に考えて一般化を図って
いくことになります。子どもの実態によっては，「計算の
どこに秘密があるんだろうね？」と投げかけ，2つの分数
の分母と分子の依存関係に着目できるようにします。

第5章　問題提示×発問＝子どもの問い　159

3　授業展開

①分数のかけ算とひき算に取り組む

　導入で行った数あそびの勝者の数（分子が１で，分母が隣り合う数の２つの分数）を使って，分数のかけ算とひき算の計算をします。

T　AさんとBさんは，$\frac{1}{4}$と$\frac{1}{5}$だったみたい。この２つの分数でかけ算できそう？

C　できるよ。$\frac{1}{4}\times\frac{1}{5}=\frac{1}{20}$でしょ？

C　分母同士分子同士をかけるだけだから簡単。

T　だったら，ひき算も簡単？

C　簡単だよ。$\frac{1}{4}-\frac{1}{5}=\frac{1}{20}$だよ。

C　先生，途中式も言っていい？　$\frac{1}{4}-\frac{1}{5}=\frac{5}{20}-\frac{4}{20}=\frac{1}{20}$ってなるよね。

C　あっ，かけ算と答えが同じになった！

C　えっ，でもたまたまじゃないの？

C　たまたまじゃないよ！

C　いや，たまたまでしょ。適当な数だったじゃん！

　今回，教師ではなく，子どもから「たまたまじゃないの？」という「メタ的な『問うべき問い』」が問われました。普段から，問題提示の工夫と教師の「問うべき問い」を問うことの積み重ねの成果の１つと言えます。

160

②さらなる事例から焦点化した問題を生む

　「たまたまじゃない」と主張する子どもが少数いたため，$\frac{1}{7}$ と $\frac{1}{8}$ でも確かめてみました。すると，かけ算とひき算の答えが同じになりました。

C1　また同じ。
C2　なんかの法則がある？
C3　ある。ありそうな気がする！
T　　いつも同じになるってこと？
C4　たぶん。この２つの分数は都合がいいんだと思う。
　　　どっちも分子が１だし。

　C2の発言は，「一般性を問う問い」です。C4の発言も取り入れ，本時の焦点化した問題が設定されました。

> 　分子が１の２つの分数のかけ算とひき算の答えが等しくなるときは，どんなきまりがあるの？

③帰納的にきまりを見いだす

　この後，各々で２つの分数を決めて，かけ算とひき算の計算に取り組みました。その中で「分母が隣り合う数」「分母が隣同士」というキーワードが出てきました。これらのキーワードと学級全員の事例を基に，「分子が１で，分母が隣り合う数の２つの分数では，通分したら分子同士

第5章　問題提示×発問＝子どもの問い　161

の差は1になるので，かけ算とひき算の答えが同じになる」という数学的な見方・考え方を言語化・顕在化し，共有しました。下のノートは，議論の基になったある子どもたちの自力解決の記述の一部です。

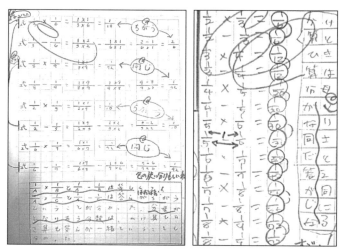

④きまりが成り立つ理由を明らかにする

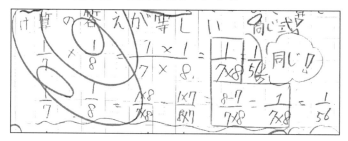

上のように途中式に着目して根拠を明らかにしようと考えていた子どもの意見を取り上げました。ここで，黒板に

取り上げられた他の複数の計算においても、途中式が同じであることを確認しました。

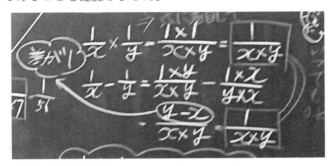

さらに、上の板書のように、文字を使うことで、きまりが成り立つ理由をさらに明確にしようと試みました。これは、前ページ左上のノートのように、文字を使って考えようとしていた子どもがいたためです。子どもたちは対話を通して、$\dfrac{1}{x} \times \dfrac{1}{y} = \dfrac{1}{x \times y}$ と $\dfrac{1}{x} - \dfrac{1}{y} = \dfrac{y-x}{x \times y} = \dfrac{1}{x \times y}$ という式を見いだしました。

「たまたまじゃないの？」という「メタ的な『問うべき問い』」によって、「このきまりが見いだされるのはなぜだろう」「理由を説明するにはどうしたらいいかな」という子どもの「根拠を問う問い」及び「方法を問う問い」が生起されたからこその議論です。

内容的には中学校数学に踏み込んでいたため、理解が難しい子どももいました。これは反省点です。ただ、このような子どもの「問うべき問い」はやはり大切にしたいところです。

第5章　問題提示×発問＝子どもの問い　163

問題提示×発問の実践②

条件を変える，条件を決めさせる
×
「どうしてそうしようと思ったの？」

（2年／たし算とひき算のひっ算）

1　授業の概要

　本時は，繰り上がりのあるたし算の計算及び筆算について考える時間です。

　2位数の加法と減法では，各位の計算を位をそろえて書けば，2位数の計算が各位の数の計算に帰着され，1位数の加法及びその逆の減法などの計算で処理できることになります。これを形式的に処理しやすくしたものが筆算形式です。なお，この計算方法は十進位取り記数法に基づく計算であり，以降の乗法や除法の計算の原理にもなります。そして，これらの計算の指導にあたっては，具体物や図などを用いることが肝要です。

　そこで，問題提示に□を使うことで，子ども自身が数を変えたり，決めたりできるようにします。子どもが決めた数には，子どもなりの想いや直観があります。発想の源を問うことで，それらを引き出していきます。「発想の源を問う問い」は，考えの着想を明らかにする以外にも，子どもの想いや直観を引き出しやすくなります。

164

2　問題提示と発問のポイント

①未習事項と既習事項を自然と引き出す

> あまちゃんのクラスでは，きのうまでにメダルを
> ７３個つくりました。今日は，□６個つくりました。
> メダルは，全部で何個ありますか。

たす数の十の位を□にすることで，自分自身で数値を決めることができるようにします。「□がどんな数だったら簡単？」という発問と組み合わせることで，既習事項と未習事項を自然と引き出すことができるようにします。第２章の実践②（３年／かけ算）と同様の考え方です。

②決めた数値の奥にある子どもの想いや直観を引き出す

子どもの意思決定には，必ずその子なりの想いや直観があります。それらを引き出すことは，その子なりの論理を引き出すことにつながっていきます。

本時で言えば，「どうしてその数を入れようと思ったの？」と問うことで，「繰り上がることがなくて簡単だから」「繰り上がりがあって難しそうだから」といった子どもなりの想いや直観を引き出します。それらをひも解いていくことで，例えば「だって，７＋６は…」といった子どもの論理を引き出していくわけです。

第５章　問題提示×発問＝子どもの問い　165

3 授業展開

① 「簡単？　難しい？」から焦点化した問題を生む

> 　あまちゃんのクラスでは，きのうまでにメダルを
> ７３個つくりました。今日は，□６個つくりました。
> メダルは，全部で何個ありますか。

　この問題の場合，たす数の十の位の数によって，繰り上
がりのない計算になるか，繰り上がりのある計算になるか
が決まります。

　「７３＋□６」と立式した後の「□に数字を入れないと
答えが出ない」という子どもたちの声に対して，「どんな
数だったら簡単？」と問いました。

C１　０かな？

C２　１や２でも簡単だよ！

C３　３とか４もじゃない？

T 　３とか４もなんだね。ちなみに，C１さんやC２さ
　　んは，どうして０や１，２を入れようと思ったの？

C１　だって，繰り上がりがないじゃん。

C２　そうそう，今まで通り計算できるよ！

C３　だったら，３や４はちょっと難しい…？

　１の位で繰り上がりのある計算は，既習事項です。発想

166

の源を問うことで，その子なりの想いと既習事項を引き出しました。

少し自分で考える時間を取りました。そして，右の板書のように，0から順に□に数を当てはめた筆算を明らかにしました。その中で，□に3を当てはめた子どもは，次のように発言しました。

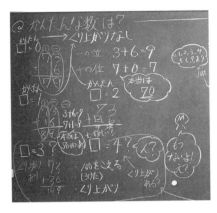

C　やっぱり繰り上がりがあってちょっと難しい！

そこで，次のように気持ち（共感）を問いました。

T　繰り上がりがあってちょっと難しいって気持ちわかる？
C　わかるー！
C　だったら，4も簡単じゃないね。
C　3以上の数は簡単じゃないよ。十の位に繰り上がりがあるからどうしよう？
C　いや，ぼくには簡単だよ！

第5章　問題提示×発問＝子どもの問い　167

これらのやりとりを経て，「十の位に繰り上がりのあるたし算の仕方は？」という焦点化した問題を設定しました。
　一方で，やりとりの最後の子どものように「簡単！」と言う子は他にもいました。しかし，ここではあえて問い返さず，再び自分で考える時間を取りました。

②「簡単！」と言った子どもたちの想いや論理を引き出す

　再び自分で□に入れる数を決めてもらうと，多くの子どもが9を選んでいました。自分なりの直観で難易度を選択できることも，「条件を変える，条件を決めさせる」ことのよさです。
　本時2度目の自力解決では，繰り上がりのあるたし算の計算及び筆算の仕方やその難しさを，ブロックや図などを用いて式や筆算と関連づけて説明しようとしていました。
　全体での話し合いの様子の一部が下の板書です。

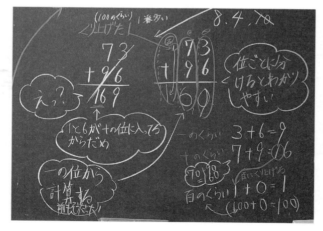

全員が十の位に繰り上がりのあるたし算の筆算の仕方について理解できたと判断した後に，授業の前半で「簡単！」と言った子どもたちに発想の源（根拠に近いかもしれません）を問いました。

T　　C1さんたちは，はじめから3とか4が「簡単！」って言ってたよね？　どうして簡単だって思ったの？
C1　だって，1の位に繰り上がりのある筆算は前にもやったでしょ？　だから簡単だと思ったんだよ。
C2　そうそう。十の位にあってもそれと同じだよね。

　多くの子どもたちは，C1とC2の発言に共感していました。「簡単！」という言葉の裏にある想いや論理を言語化・顕在化し，共有したことで，「前の学習を使って考える」という数学的な見方・考え方をより意識できたわけです。

4　本時のその後

　同じ単元の中にある，繰り下がりのあるひき算の筆算の学習の際には，多くの子どものノートに「前にもやった！」という言葉が記述されていました。
　発想の源を問い続けることで，「算数を創る」意識が少しずつ高まっていきます。

第5章　問題提示×発問＝子どもの問い　169

> 問題提示×発問の実践③
>
> # オープンエンドにする
> ×
> # 「だったら？」
>
> **（3年／あまりのあるわり算）**

1　授業の概要

　本時は，日常生活の問題を除法で解決した結果，あまりがある場合に，算数での処理の結果であるあまりを元の事象に戻してどのように解釈すればよいのかを考える時間です。

　本時では，長いすが何脚必要かという問題場面を取り上げます。問題の式の答えが「あまり1」になるように数値を設定することで，発展的に考えればオープンエンドになります。「あまりの1」の意味に着目して，「1人で座るのはかわいそうじゃない？」と問う子どもも期待できるというわけです。「だったら？」と問い返すことで，子どもたちは様々な解を考えます。

　例えば，「5人座っている長いすから何人か移動する」「長いすを4人ずつで座ってみる」などと考えることでしょう。そこで，再び図に戻って解釈をさせることで，それぞれの考えに対する理解を深められるようにします。

2　問題提示と発問のポイント

①数値設定によって，子どもの素朴な気持ちを引き出す

　問題の数値を「26÷5＝5あまり1」と設定します。この「あまり1」がポイントです。「1人で座るのかわいそう」という気持ちが間違いなく生まれます。そして，多くの子どもたちが共感することでしょう。

②「だったら？」と問い返し，オープンエンドにする

　一般的には，「商に1を加えて6脚にする」という答えを得て終わります。

　しかしながら，現実の場面では様々な座り方があり得ます。だからこそ，①で述べたような子どもの素朴な気持ちに対して「だったら？」と問い返すことで，算数での処理の結果を元の事象に当てはめたときの解釈をオープンエンドにしていくのです。

3　授業展開

①計算の結果を元の事象に戻して考える

　本時の問題は次の通りです。

　26人の子どもが5人ずつ長いすに座ります。全員が座るには，長いすは何脚必要ですか。

第5章　問題提示×発問＝子どもの問い　171

子どもたちは，この場面は「いくつ分」を求めるわり算であると判断し，26÷5と式を立て，「5あまり1」という結果を得ました。

　ここで子どもたちは，「あまりが1だけど，答えはどうすればいいのかな」という問いをもちました。計算の結果を元の事象に戻したときの意味を考える必要が出てきたのです。

　多くの子どもが，場面を図に表して考えました。例えば，下の板書のような図をかいて考えていきました。答えの「5あまり1」は，5人ずつ5脚に座ると1人あまるということを意味することに気づき，あまりの1人が座るいすが必要であると判断して，答えを商に1を加えた6脚にしました。

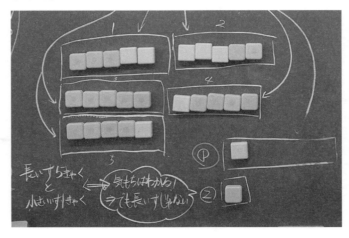

② 「かわいそう」という気持ちの問い返し，オープンエンド化する

　ここで，1人で長いすに座る子どもがいることに着目する子が出てきました。

C　1人で座るのかわいそう…。

C　わかる！　私だったらちょっと嫌だなぁ…。

C　そう？　ぼくは1人でもいいけど。

C　みんな一緒に座っているのに，自分だけ1人とか嫌だなぁ…。

T　<u>だったらどうする？</u>

　ある子どもたちは，①の数学的活動の中で，「だれかのひざの上に乗る」「詰めて座る」と考えていました。これらを紹介すると，「気持ちはわかるけど，危ない」ということで，安全面も配慮した方法を考えることになりました。ここからオープンエンド化したわけです。

③多様な解を解釈する

　再び考える時間を取ると，次のようなアイデアが出てきました。

■余裕をもって4人ずつ座る。(26÷4＝6あまり2)

■長いす同士をくっつけて寂しさを減らす。

■1人で座る長いすのまわりを囲って特別感を出す。

第5章　問題提示×発問＝子どもの問い　173

■友だちを呼ぶ。
■人形を持ってくる。
■もっと長い長いすを用意する。

実際の板書は,下の通りです。

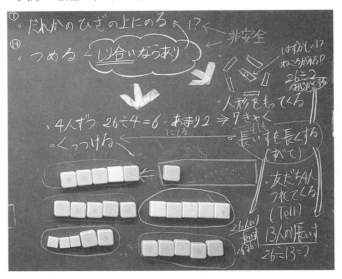

算数的ではないアイデアも含まれていますが,これも元の現実の事象に戻して考えている証だと言えます。ちなみに,「人形を持ってくる」というアイデアは,普段から学級にいくつかの人形を置いてあるから出てきたものだと考えられます。

「もっと長い長いすを用意する」のアイデアは,「26÷13」「26÷26」「26÷2」という計算も引き出しました。もちろん「そんな長いすはない」という子どものつっこみは

ありました。

　ここで授業は終了しました。

4　授業の反省

　いくつか実現可能性の低いアイデアが出されました。「長いすを使うのはどんな状況か」といった条件をさらに加えると，元の事象に戻したときの議論が深まりそうです。ここが本時の反省点です。

　以下は本時終了時の板書です。

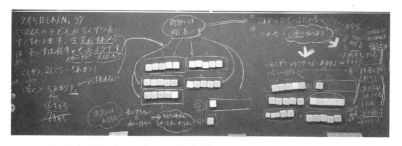

　板書右側にあるブロックを様々な解の解釈に活用すればよかった，という反省も残ります。

　話は少し逸れますが，毎日の授業の板書を記録して定期的に振り返ることは，自身の授業力アップにつながると信じています。

問題提示×発問の実践④

ゲーム化
×
「えっ？」「本当に？」「絶対に？」

（4年／わり算）

1　授業の概要

　本時は，2位数÷2位数（何十）の計算の仕方を考える時間です。単元の導入の時間でもあります。これまでの「数と計算」領域でも大切にされてきた「10のまとまりに着目する」という数学的な見方を働かせ，豊かにします。

　扱う問題提示の方法は，「ゲーム化」です。「60÷□」という立式の結果を得る問題に対して，□に当てはまる数を引いて計算していくというくじ引き風のアレンジです。

　ここで組み合わせる発問は，「えっ？」「本当に？」「絶対に？」という「メタ的な『問うべき問い』」です。

　「ゲーム化」は，学習意欲を引き出しやすい方法です。そして，ゲームを通してたくさんの問題を扱うことになるため，「えっ？」「本当に？」「絶対に？」という教師の「メタ的な『問うべき問い』」が多くなります。これは，子ども自身についてもです。

　つまり，「ゲーム化」と「えっ？」「本当に？」「絶対に？」の相性は抜群なのです。

176

2 問題提示と発問のポイント

①意図的な数くじ引きから子どもの「えっ？」を引き出す

色紙が60枚あります。1人に□枚ずつ分けると，何人に分けられますか。

本時は単元の導入でもあるため，数くじ引き（わりきれる計算を「あたり」，わりきれない計算を「はずれ」とする）を通して学習を方向づけていきます。

具体的には，2つの封筒を用意します。1つは，1桁の数ばかりが入っている封筒です。この封筒から出てきた数を□に当てはめた場合，すべて既習の計算になります。もう1つは，20ばかりが入っている封筒です。

ちょっとズルいかもしれませんが，1つ目の封筒からある程度くじを引いた後にこっそりと差し替えます。ここで，子どもの「えっ？」が生まれます。

②計算結果に対して「本当に？」「絶対に？」と問い返す

数くじ引きによって，たくさんの問題に取り組むことになります。個別でも，全体でも，計算の結果に対して「本当に？」「絶対に？」と問い返すことで，子どもの「だって…」という論理を引き出していきます。

第5章　問題提示×発問＝子どもの問い　177

3 授業展開

①数くじ引きで既習事項の確認をする

> 色紙が60枚あります。1人に□枚ずつ分けると，何人に分けられますか。

「60÷□」と立式した後の「□の数字はどうするの？」という子どもの素朴な疑問に対して，数くじ引きを提案しました。あたりとはずれがあることを伝えたうえで，数くじを引いてもらいます（なお，この授業は飛び込みで行ったものです）。

C あっ，4だった！
T これはたぶん，あたりかなぁ。
C えっ，なんで？
C 私，なんとなくわかったかも。
　　（全員が60÷4に取り組む）
C 先生，わりきれたよ。だから当たりってこと？
C だったら，わりきれない数ははずれかな？

この後何度か数くじを引いてもらい，あたりとはずれの確認をしていきました。その際に，次のように問い返し，根拠を明らかにしていきました。

T　60÷2の答えが30なのは絶対？

T　60÷9＝6あまり6って本当に？

　これが後半の活動に生きてきます。

②2つ目の封筒から数くじを引き，焦点化した問題を生む

　4回ほど1つ目の封筒から数くじを引いてもらった後に，2つ目の封筒から数くじを引いてもらいました。こっそりと封筒を入れ替えておくことがポイントです。

C1　えっ？　20だったよ！

T　どうして「えっ？」って驚いたの？

C1　だって，さっきまで1桁だったのに，2桁になってるから。

C2　ちょっと難しそうだよね。

T　C1，C2さんの気持ちがわかる人？

C　（多くの子どもが挙手する）

　C1の「えっ？」に問い返すことで，その驚きを言語化し，共有しました。ここで設定された焦点化した問題は，以下のようになりました。

> わる数が2桁のときの計算はどうしたらいいの？

第5章　問題提示×発問＝子どもの問い　179

③焦点化した問題を解決する中で働かせていた数学的な見方・考え方を共有する

導入の2位数÷1位数の際に「本当に？」「絶対に？」と問い返していたこともあり、その際に出ていた「図に表して考える」で思考・表現している子どもが多かったです。子どもの考えの一部は、次の板書の通りです。

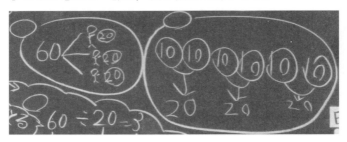

ここで以下のような、0を取る考えも出されました。

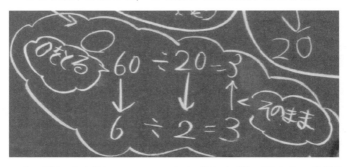

「本当に0を取っていいのかな？」と問い返すと、以下のような反応が返ってきました。

C　だって、6は10が6個分ってことで、2は10が2個分

ってことだから。

C　図で表していたＡさんやＢさんの考えと同じだよね。

T　つまりどういうこと？

C　10をもとに考えているってこと！

　「0を取って考えたらいい」という考えは，「数と計算」領域ではよく出てくる子どもの考えです。これをそのままにするのではなく，「本当に0を取ってもいいのかな？」と問い返すことで，「10のまとまりに着目する」という数学的な見方を引き出します。

　実態によっては，「どうして0を取ろうと思ったの？」という「発想の源を問う問い」とも組み合わせるとよいでしょう。

④新たな問いで次時につなげる

　「60÷20＝3」から，あたりであることがわかったので，「はずれになる数はどんな数かな？」と問いました。子どもたちは，40，50，32などと答えていました。

　ここでも「本当に？」と問い返し，子どもの「だって…」を引き出そうとしましたが，実際の授業はここで終了してしまいました。ですがこういった問い返しが，間違いなく次時に生きてきます。

第5章　問題提示×発問＝子どもの問い　181

コラム

子どもが算数を創る授業の失敗

　本書で何度も述べてきましたが，算数科の授業の本質は，「算数を創る」ことです。

　しかし，わかった気になっていた一時期の私は，今思い返すと「算数を創る形式」にこだわっていました。問題提示の工夫と発問で，子どもの問いを生み，既習事項を使って新たな学びを創り出す。このように書くと一見とてもすばらしい授業に聞こえます。しかしながら，実態は私の誘導によって子どもが算数を創らされる授業だったのです。

　算数科の授業は，再発見の授業でもあります。先人たちが積み重ねてきた数学的な発見を，子どもたちがあたかも自分たちが発見したかのように感じることができるようにすることが大切です。

　そのためのポイントは，子どもの学びに向かう力だと考えるようになりました。

■知的好奇心をもって学びに臨んでいる。

■前の学びを生かそうとしている。

■どんどん学びを追究している。

　算数科の授業に限った話ではありませんが，このような学びに向かう力を子どもがもつことができるようにすることが大切なのです。

　そのためには，学級の雰囲気・環境づくりが欠かせません。やはり，心理的安全性ですね！

おわりに

　皆さん，本書はいかがだったでしょうか。

　少しでも皆さんの「知的に楽しい算数授業づくり」に貢献できていれば幸いです。

　「はじめに」でも述べたように，私の目標でありモットーは次のことです。

```
生涯一授業人
```

　本書を執筆するにあたり，自身の実践を改めて見直すことができました。一方で，日々の授業で子どもたちと共に学び，成長してきた経験が大きな支えとなりました。子どもたちの純粋な好奇心と探究心が，私にとっての最大のインスピレーションです。私にはない子どもたちの発想や問いが，授業での学びを深めてくれました。

　教師と子どもの関係性について，次のように語られることがあります。

```
○教師は子どもに教えなければならない。
○教師は子どもよりも深い知識をもっていなければな
　らない。
○教師と子どもは対等ではない。
```

本当にそうなのでしょうか。

　これらの考えを否定するつもりはありません。しかし，私は子どもたちから多くのことを学んできました。そして，ある分野においては私より深い知識をもっている子どもたちにもたくさん出会ってきました。さらに，私は子どもを1人の人間として対等な存在だと考えて接しています。きっとそういう先生方もたくさんいらっしゃると思います。

　そもそも，子どもに対する教師のマインドが上述のようなものであれば，「知的に楽しい算数の授業」にはならないでしょう。本当に「知的に楽しい算数の授業」は，教師も子どもも算数を創ることを楽しんでいる状態だと考えるからです。

　右の板書は，「はじめに」にも掲載した3年「小数」の単元の授業のものです。

　子どもたちは，十進位取り表の考えから，小数のたし算の筆算へとつなげていきました。もちろん，先行学習をしている子どももいます。そして，この時間で取り扱う内容ではありません。しかしながら，自分たちの問いに基づいて筆算に導いていくプロセスは，本当にすばらしかったです。

　このプロセスを生んだのが，問題提示と発問の工夫の積み重ねであることは間違いありません。一方で「子どもは一緒に学び合える対等な存在」というマインドがあったか

らこそだとも考えています。読者の先生方にも，ぜひこの
マインドを大切にしていただけるとうれしいです。

　本書は，大好きな子どもたちと日々の算数の授業を創り
あげてきたからこそ書き上げることができました。教師向
けの本であるのにもかかわらず，「先生の本，おこづかい
で買う！」「出たら教えてくださいね，買いますから！」
などと本書刊行を心待ちにしてくださったさいたま市立大
砂土東小学校元３年４組，元２年１組，現３年３組の子ど
もたちと保護者の皆様には，心より感謝申し上げます。ま
た，リアル，SNS にかかわらず応援してくださった仲間
たちと家族にも，感謝の気持ちしかありません。
　そして，「天野先生の本を出したいです！」と後押しし
てくださり，執筆中もおほめの言葉とたくさんの助言をく
ださった，明治図書出版 矢口郁雄さんに，この場をお借
りして御礼申し上げます。
　最後に，本書を手に取ってくださり，算数の授業づくり
に興味をもっていただけた読者の皆さんに，心より感謝申
し上げます。皆さんの現場での実践が，子どもたちの学び
をさらに豊かにすることを願っています。

2025年２月

天治郎こと天野翔太

【著者紹介】

天野　翔太（あまの　しょうた）

1985年生まれ。さいたま市立大砂土東小学校教諭。平成30年度さいたま市長期研修教員（算数・数学）。志算研・EDUBASE所属。デジタル推進委員及びSDGsラジオアンバサダー。
心理的安全性AWARD2023において，小学校学級担任としてシルバーリングを初受賞。AWARD2024においても，2年連続シルバーリングを受賞。
Xを中心に，心理的安全性を軸とし，算数及びICTについても情報を発信。オフライン・オンラインセミナーの講師も多数務める。
単著に，『1人1台端末フル活用！ 新4大アプリで算数授業づくり─Canva・Kahoot!・Padlet・Minecraft Education─』（2024，東洋館出版社）。本書と同時期に，『心理的安全性×学級経営（仮）』（学陽書房）の単著を刊行予定。

小学校算数　問題提示×発問＝子どもの問い

2025年3月初版第1刷刊	©著　者	天　　野　　翔　　太
	発行者	藤　原　光　政
	発行所	明治図書出版株式会社

http://www.meijitosho.co.jp
（企画）矢口郁雄（校正）大内奈々子
〒114-0023　東京都北区滝野川7-46-1
振替00160-5-151318　電話03(5907)6701
ご注文窓口　電話03(5907)6668

＊検印省略　　　　　組版所　広　研　印　刷　株　式　会　社

本書の無断コピーは，著作権・出版権にふれます。ご注意ください。

Printed in Japan　　　　　　　　　ISBN978-4-18-374336-7

もれなくクーポンがもらえる！読者アンケートはこちらから　→

「主体的な学習者」を育む先端的な方法と実践

自己調整学習

主体的な学習者を育む方法と実践

木村 明憲 [著]

Self-regulated learning

子どもたち自身が、自己調整を見通しを明確にもち、理念の中心に据える。自らの学習を振り返り、次の学習につなげる。

明治図書

木村 明憲 [著]

これからの学校教育における最重要キーワードの1つ「自己調整学習」について、その具体的な方法と実践をまとめた1冊。自己調整のスキルと、学習を調整して学ぶプロセスを、3つのフェーズに沿って解説しています。海外における先進的な実践も紹介。

192ページ／四六判／定価 2,156円(10%税込)／図書番号：2134

明治図書 携帯・スマートフォンからは **明治図書 ONLINE へ** 書籍の検索、注文ができます。▶▶▶

http://www.meijitosho.co.jp ＊4桁の図書番号で、HP、携帯での検索・注文が簡単に行えます。
〒114-0023 東京都北区滝野川7-46-1 ご注文窓口 TEL 03-5907-6668 FAX 050-3156-2790

二冊セットでマストバイ！

選りすぐりを1冊に　授業力&学級経営力 selection

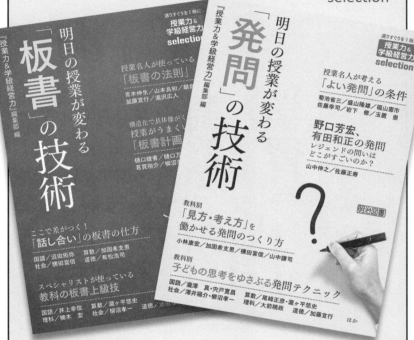

図書番号：4632　　　　　　　　　　　　　　　　　　　　図書番号：4631

『授業力&学級経営力』の選りすぐりの記事に、新たな内容もプラスして、発問、板書それぞれ1冊ずつにまとめました。明日の授業がたしかに変わる、引き出しいっぱいの技術をお届けします！

いずれも 136ページ／A5判／定価 1,870円(10%税込)

明治図書　携帯・スマートフォンからは **明治図書 ONLINE へ**　書籍の検索、注文ができます。▶▶▶
http://www.meijitosho.co.jp　＊4桁の図書番号で、HP、携帯での検索・注文が簡単に行えます。
〒114−0023　東京都北区滝野川7−46−1　ご注文窓口　TEL 03−5907−6668　FAX 050−3156−2790

見れば、わかる、できる。
図解 授業デザイン シリーズ

見やすい2色刷り

算数編

尾﨑正彦 [著]

想定外のつぶやきから"気持ち"を読解させる、瀬戸際に立たせることで問いの共有を徹底する、"わからなさ"を価値づけ自由に表現させる、終末にこだわらず学びのピークで振り返りを行う…など、主体的な学びを促す50のしかけを、一瞬で理解できる図解で紹介。

128ページ／定価 2,090 円 (10%税込)
図書番号：2522

国語編

宍戸寛昌 [著]

3つの視点から教材の解像度を上げる、1時間の授業をユニットで捉える、問いが生まれる導入をつくる、聞く活動は「効く」まで見通す、物語の典型をおさえる、言葉の指導に納得を生む…など、深い学びの基礎をつくる51の教養を、一瞬で理解できる図解で紹介。

128ページ／定価 2,090 円 (10%税込)
図書番号：2521

明治図書 携帯・スマートフォンからは **明治図書 ONLINE へ** 書籍の検索、注文ができます。▶▶▶

http://www.meijitosho.co.jp ＊4桁の図書番号で、HP、携帯での検索・注文が簡単に行えます。
〒114-0023 東京都北区滝野川7-46-1　ご注文窓口　TEL 03-5907-6668　FAX 050-3156-2790

授業がガラッと変わるほど、問いや価値づけの語彙が豊かに！

東京学芸大学附属小金井小学校算数部【編】
加固希支男・中村真也・田中英海【著】

算数授業で役立つ発問や言葉かけを目的別に100個収録。「『えっ』の気持ち、わかるかな？」（問題把握）「でも、それって偶然じゃないの？」（きまりへの着目）「うまくいかなかったことを話せるってすごいね」（苦手な子の支援）等々、超実践的なフレーズ集です。

224ページ／四六判／定価 2,486円(10%税込)／図書番号：3275

明治図書　携帯・スマートフォンからは **明治図書ONLINE へ** 書籍の検索、注文ができます。　▶▶▶
http://www.meijitosho.co.jp　＊4桁の図書番号で、HP、携帯での検索・注文が簡単に行えます。
〒114-0023　東京都北区滝野川7-46-1　ご注文窓口　TEL 03-5907-6668　FAX 050-3156-2790